DER KÖNIGSTEINER 2014

Intelligent Recruiting

KÖNIGSTEINER AGENTUR

DER KÖNIGSTEINER 2014

VORWORT

Seit 10 Jahren navigiert Sie unser KÖNIGSTEINER zuverlässig durch die immer komplexer werdende Medienlandschaft des Personalmarktes. Die Suche nach den richtigen Mitarbeitern ist aufgrund dieser Fülle deutlich komplexer geworden.

Seit der 1. Auflage ist der KÖNIGSTEINER sich treu geblieben und agiert ganz nah am Puls der Zeit: Die Inhalte wurden kontinuierlich ausgebaut und den aktuellen Marktverhältnissen angepasst. Die Auflage konnten wir dabei permanent ausbauen. Das spricht für die große Akzeptanz in der HR-Branche.

Dieser Erfolg soll Ansporn sein für die nächsten Jahre, denn eines scheint klar: Das Recruiting wird sich noch mehr verändern und der KÖNIGSTEINER soll Ihnen weiterhin eine gute Orientierung geben.

Auch mit der vorliegenden Jubiläumsausgabe machen Sie aus reiner Personalbeschaffung ein „Intelligent Recruiting".

So kommen Sie erfolgreich durch das Jahr 2014!

Ralf Kuncser
KÖNIGSTEINER AGENTUR

ÜBER UNS

Intelligent Recruiting ist unsere Welt. Für dieses sensible Thema begeistern wir uns. Seit über 45 Jahren am Markt verfolgen wir konsequent neueste Trends und beraten unsere Kunden mit maßgeschneiderten Lösungen. Dafür hat die KÖNIGSTEINER AGENTUR mit über 150 qualifizierten und motivierten Mitarbeitern das gesamte Know-how an Bord. Wir navigieren Sie ohne Umwege ans Ziel. **Das kreative Layout, die ungewöhnliche Rekrutierungsidee, das integrierte Kommunikationskonzept** – lokal und international stehen wir als Partner an Ihrer Seite.

Als einzige Agentur in Deutschland sind wir bundesweit mit neun Niederlassungen vertreten und verfügen über unschlagbare regionale Marktkenntnis. Unsere persönliche Beziehung zu Ihnen liegt uns besonders am Herzen. Nur so können wir uns zielgenau an Ihren Bedürfnissen orientieren und mit Originalität und Fachkenntnis für Sie einsetzen.

Unser Weg zu Ihnen ist kurz: Beratung und Betreuung direkt vor Ort ist uns wichtig. Wir kommen zu Ihnen und lernen Ihren Bedarf und Ihr Unternehmensumfeld kennen. Auf diese Weise wissen wir genau, wie wir Sie unterstützen können und finden eine passende Lösung.

Die Leistungen der KÖNIGSTEINER AGENTUR werden individuell auf Ihr Unternehmen zugeschnitten. Sie nutzen nur das, was Sie wirklich brauchen. Unsere Leistungsbausteine sind flexibel und können modular genutzt werden:

- ▶ Personalmarketing/Employer Branding/Recruiting 2.0
- ▶ Anzeigenmanagement
- ▶ Personalserviceleistungen
- ▶ IT-Lösungen

Intelligent Recruiting erfordert ein breites Wissen und stetiges Lernen. Unsere Aufgabe ist es, das traditionelle Handwerk zu beherrschen, aktuelle Trends zu prüfen und unsere Kunden individuell zu beraten und zu begleiten. Bei uns erhalten Sie alles aus einer Hand.

Wir finden Ihre Mitarbeiter von morgen, sprechen Sie mit uns. Wir sind in Ihrer Nähe.

Kommunikationskonzepte

Absolventen

Landing Page

Google Adwords

Online-Kombis

Messen

Employer Branding

Mediapläne

PERSONALMARKETING

Karriereseiten

Rahmenverträge

Online

Corporate Design

Personaldienstleistungen

Anzeigenlayout

Social Media

Arbeitgebermarkenbildung

Azubimarketing

Verdeckte Anzeigen

Anzeigen-Controlling

Anzeigentexte

JOB-SEO

Print

Schleswig-Holstein

Mecklenburg-Vorpommern

Hamburg

Brandenburg

Niedersachsen

Berlin

Nordrhein-Westfalen

Sachsen-Anhalt

Düsseldorf

Hessen

Thüringen

Sachsen

Dresden

Rheinland-Pfalz

Frankfurt

Saarland

Nürnberg

Karlsruhe

Stuttgart

Bayern

Baden-Württemberg

München

DER KÖNIGSTEINER 2014

INHALT

DER KÖNIGSTEINER 2014

INHALT

DER KÖNIGSTEINER 2014

ONLINE-JOBBÖRSEN

DER KÖNIGSTEINER 2014

ONLINE-JOBBÖRSEN

DER KÖNIGSTEINER 2014

UNSERE ONLINE-VIELFALT

Sie wollen Ihre Vakanzen im Unternehmen zügig, zielgruppengerecht und ohne große Streuverluste besetzen? Dann sind Sie bei uns genau richtig. Sie sagen uns, welche Position Sie besetzen möchten und wir kombinieren die Produkte der Anbieter, die am meisten Erfolg versprechen. Aufgrund unserer langjährigen Erfahrung auf diesem Gebiet sind wir in der Lage, Ihnen aus allen Jobbörsen, Zusatzprodukten, Resonanzverstärkern und Web 2.0 Komponenten entsprechend der Position, der Region und der Branche die für Sie passende Lösung anzubieten. Unterstützen können wir unsere Empfehlungen z. B. durch die verifizierten Klickzahlen der einzelnen Online-Börsen und das häufige Feedback unserer zufriedenen Kunden.

EINSCHÄTZUNG
Die meistbesuchte private Online-Jobbörse in Deutschland

LAUFZEIT
30, 60 und 90 Tage

DATEN
- ▶ Visits pro Monat: über 9,6 Mio. (IVW-geprüft, Oktober 2013)
- ▶ Page-Impressions pro Monat: über 47,2 Mio. (IVW-geprüft, Oktober 2013)
- ▶ Anzahl der Angebote: über 55.000

PREISE
- ▶ Einzelschaltung:
  30 Tage Stellenanzeige Standard   725,00 €
  30 Tage Stellenanzeige Individuell   995,00 €
  30 Tage Stellenanzeige Plus   ab 1.395,00 €
- ▶ Rahmenverträge auf Anfrage

DARSTELLUNG
Web-optimiertes Standard-Layout oder CI-gerechte Darstellung in HTML

BESONDERES
- ▶ Segmentierte Portale für spezielle Berufsgruppen: Ingenieurwesen, IT/Telekommunikation, Finance/Consulting, Sales/Marketing, Uni/Berufsstart, Führungskräfte, Pharma/Chemie/ Biotechnologie, Öffentlicher Dienst, Personalwesen sowie Ärzte/Pflegepersonal
- ▶ Mehrfachveröffentlichung auf bis zu 200 Kooperations-Websites (u. a. DIE WELT, Berliner Morgenpost, Hamburger Abendblatt, VDE, BITKOM, Thieme, muenchen.de, hamburg.de)
- ▶ DirectSearch Database mit mehr als 350.000 aktiven Profilen
- ▶ Mehr als 3,3 Mio. JobAgent-Abonnenten
- ▶ Mobile JobApp für iPhone und Android mit über 420.000 Downloads
- ▶ Intelligente Suchtechnologie StepMATCH

IHRE STELLEN VERDIENEN DIE BESTEN MITARBEITER

Überlassen Sie nichts dem Zufall – mit Deutschlands Jobbörse Nr. 1

Größte Reichweite: Millionen qualifizierte Kandidaten aus allen relevanten Bereichen setzen auf StepStone, wenn es um ihren nächsten Karriereschritt geht.*

Beste Bewerberresonanz und -qualität: Mit StepStone erhalten Sie mehr als doppelt so viele Bewerbungen und passende Kandidaten als bei anderen Jobbörsen.**

Umfassende Services: Unser Team fester Ansprechpartner berät Sie zu unseren vielseitigen Lösungen von Stellenanzeigen über Employer Branding bis hin zu Direct Search.

Kontaktieren Sie uns unter service@stepstone.de oder telefonisch unter 0211 / 9 34 93 - 5802

* Gemäß unabhängiger IVW-Messung
** Gemäß unabhängiger Studie des Marktforschungsinstitutes TNS Infratest
   im Vergleich zum nächstplatzierten Wettbewerber

Die Nr. 1, wenn es um Jobs geht.

www.stepstone.de/stellenanbieter

EINSCHÄTZUNG
Die bekannteste deutsche Jobbörse

LAUFZEIT
30, 60 und bis zu 360 Tage

DATEN
- ▶ Visits pro Monat: 4,5 Mio.
- ▶ Page-Impressions pro Monat: keine Angabe
- ▶ Anzahl der Angebote: 40.000

PREISE
- ▶ Einzelschaltung:
    30 Tage Standard-Layout bei Selbsteingabe   795,00 €
    30 Tage HTML   1.045,00 €
    30 Tage Employer Branding Anzeige   1.245,00 €
- ▶ Rahmenverträge:
    5 Anzeigen   4.655,00 €
    10 Anzeigen   7.810,00 €
    20 Anzeigen   13.740,00 €
    Paketpreise für Employer Branding Anzeigen sind davon abweichend

DARSTELLUNG
Standard-Layout oder CI-gerechte Darstellung in HTML

BESONDERES
- ▶ Zusätzliche Darstellung auf jobpilot.de sowie starken Partnerseiten wie z. B. T-Online, GMX.de, Web.de, manager magazin, SPIEGEL ONLINE u. a.
- ▶ Hochaktuelle Bewerberdatenbank mit mehr als 247.000 Lebensläufen
- ▶ Professionelle Social Media Aktivitäten mit eigenem Karrierenetzwerk Beknown™ (auf Facebook) und Google+
- ▶ Semantische Suchtechnologie 6Sense™
- ▶ Recruiting Trends Studien
- ▶ Darstellung aller Monster-Anzeigen mobilfähig auf m.monster.de

BESSER
MIT MONSTER.

Besetzen Sie Ihre Vakanzen mit den besseren Talenten: hochqualifiziert, berufserfahren und branchenübergreifend. Besser, denn wir führen passende Kandidaten mit den richtigen Arbeitgebern zusammen: über fortschrittlichste Technologien im Web, über mobile Apps und starke Partnerseiten bis zu Sozialen Netzwerken. Monster ist somit einer der weltweit führenden Rekrutierungs- und Kompetenzpartner, um Sie mit erfolgreichen Arbeitgeberkampagnen und innovativen Rekrutierungslösungen nach Maß zu unterstützen. Und darin werden wir täglich besser, für Sie.

Kontaktieren Sie uns noch heute für eine individuelle Beratung unter 0800.1.MONSTER (0800.1.6667837). Oder besuchen Sie uns unter arbeitgeber.monster.de.

monster.de
Das Bessere für mich.™

EINSCHÄTZUNG
Auf Qualität ausgerichtetes Karriere-Portal für Fach- und Führungskräfte

LAUFZEIT
4 Wochen

DATEN
- ▶ Visits pro Monat: ca. 2,25 Mio.
- ▶ Page-Impressions pro Monat: keine Angabe
- ▶ Anzahl der Angebote: ca. 8.500

PREISE
- ▶ Einzelschaltung: 995,00 €
- ▶ Rahmenverträge:
     5 Anzeigen   4.200,00 €
     10 Anzeigen   7.250,00 €
     weitere auf Anfrage

DARSTELLUNG
CI-gerechte Darstellung in HTML

BESONDERES
- ▶ Zielgruppenkonzept „Jobware Plus": zusätzliche und kostenlose Veröffentlichung von Stellenanzeigen auf mehr als 400 Kooperationspartnern, z. B. Süddeutsche Zeitung, Stuttgarter Zeitung, Badische Zeitung, Südwest Presse u. v. m. (s. jobware.de/ZGK)
- ▶ Eye-Tracking: Optimierung von Stellenanzeigen, Formularen und Webauftritten
- ▶ Mobile Recruiting: Unterstützung von mobilen Stellenanzeigen und deren Veröffentlichung auf mobilen Stellenmärkten (Google Android und Apple iOS)

stellenanzeigen.de

So sucht man heute.

EINSCHÄTZUNG

Reichweiten- und zielgruppenstarke Stellenbörse durch ein großes Mediennetzwerk Online und Print (Dr. Ippen, Funke Mediengruppe, ProServ Medien Service GmbH)

LAUFZEIT

30 Tage, 3 oder bis zu 12 Monate

DATEN

- ▶ Visits pro Monat: > 2 Mio (August 2013)
- ▶ Page-Impressions pro Monat: keine Angabe
- ▶ Anzahl der Angebote: 5.000–10.000

PREISE

- ▶ Einzelschaltung: 30 Tage 790,00 €
- ▶ Rahmenverträge:

5 Anzeigen	3.000,00 €
10 Anzeigen	5.000,00 €
20 Anzeigen	8.000,00 €

DARSTELLUNG

CI-gerechte Darstellung in HTML

BESONDERES

- ▶ Intelligente Reichweite mit SmartReach 2.0
- ▶ Hochwertige Reichweite durch:
  starkes regionales Mediennetzwerk
  umfangreiches fachspezifisches Mediennetzwerk
  Karriere- und Städteportale
  attraktive Online-Print-Kombinationen

- **1995 gegründet:** eine der bekanntesten Jobbörsen Deutschlands
- **Erfolgreiche Personalsuche:** starkes Mediennetzwerk mit nationaler und regionaler Reichweite
- **Service-Plus:** Qualitätskontrolle und immer ein persönlicher Ansprechpartner
- **SmartReach:** dynamischer Traffic, intelligent gesteuert

SmartReach 2.0
Die intelligente Reichweite für Ihre Stellenanzeige.

So sucht man heute.

Entscheidende Reichweite, hohe Qualität, ein starkes Mediennetzwerk und das „Service-Plus".

stellenanzeigen.de

So sucht man heute.

EINSCHÄTZUNG
DAS soziale Netzwerk für berufliche Kontakte in Deutschland, Österreich und der Schweiz

LAUFZEIT
▶ 30, 60 und 90 Tage für Festpreisanzeigen
▶ Klickpreismodell max. 90 Tage oder bis zum erreichten Klicklimit

DATEN
▶ Visits pro Monat: 26,5 Mio. in Deutschland (IVW-geprüft, Stand August 2013)
▶ Page-Impressions pro Monat: 166,7 Mio. in Deutschland (IVW-geprüft, Stand August 2013)
▶ Anzahl der Angebote: keine Angabe

PREISE
▶ Einzelschaltung:
    30 Tage Fließtext, Selbsteingabe   350,00 €
    30 Tage Formatierter Text mit Logo, Selbsteingabe   395,00 €
    30 Tage CI-gerechte Darstellung in HTML   595,00 €
▶ Rahmenverträge:
    10 Anzeigen   5.450,00 €
    20 Anzeigen   10.620,00 €

DARSTELLUNG
Fließtext oder CI-gerechte Darstellung in HTML

BESONDERES
▶ XING Talentmanager: mit Active Sourcing zu Ihrem Wunschkandidaten
▶ Ansprache von latent Job-Suchenden
▶ Intelligentes Kandidaten-Matching
▶ XING Stellenanzeigen
▶ XING Projects: Aufträge für Dienstleister und Freiberufler
▶ XING & kununu: Das Employer Branding-Profil
▶ Aktuelle Profildaten – 6,7 Mio. in DACH, über 13 Mio. weltweit

13 Millionen potentielle Kandidaten.
4 Recruiting-Lösungen.
1 Netzwerk.

Mehr als 13 Millionen Mitglieder weltweit und über 6 Millionen in Deutschland, Österreich und der Schweiz: XING ist das größte Kandidatennetzwerk im deutschsprachigen Raum. Dank unserer vier Recruiting-Lösungen schöpfen Sie für Personalbeschaffung und Employer Branding aus dem Vollen: Sprechen Sie aktiv und latent Jobsuchende gezielt an. Finden Sie Dienstleister und andere Experten für Ihre Projekte. Präsentieren Sie Ihr Unternehmen als attraktiven Arbeitgeber. Kurz: Bringen Sie mit XING Ihr Recruiting aufs nächste Level.
Erfahren Sie mehr: www.recruiting.xing.com

NEXT LEVEL RECRUITING

EINSCHÄTZUNG

Weltweite Nummer 1 unter den Jobsuchmaschinen mit mehr Jobsuchenden als jede andere Stellenbörse

LAUFZEIT

30 Tage und länger

DATEN

- ► Visits pro Monat: 5,9 Mio.
- ► Page-Impressions pro Monat: 41 Mio.
- ► Anzahl der Angebote: 800.000

PREISE

- ► Einzelschaltung:

Premium Job Zusatz Traffic	100,00 €
Premium Job kfm. Bereich	200,00 €
Premium Job Finanz/Controlling	250,00 €
Premium Job IT/Ingenieur/Medizin	350,00 €

- ► Rahmenverträge: auf Anfrage

DARSTELLUNG

Gemäß Kundenwebsite

BESONDERES

Kosten entstehen erst dann, wenn ein Stellenangebot aufgerufen wird (Pay-per-Click statt Festpreis)

stellen-*online*.de

EINSCHÄTZUNG
Qualitätsjobbörse – aktuell, übersichtlich, werbefrei

LAUFZEIT
6 Wochen

DATEN
- Visits pro Monat: 57.543
- Page-Impressions pro Monat: 119.861
- Anzahl der Angebote: ca. 1.500

PREISE
- Einzelschaltung: 425,00 €
- Rahmenverträge:
  - 5 Anzeigen   1.675,00 €
  - 10 Anzeigen   2.750,00 €
  - 20 Anzeigen   4.700,00 €
  - weitere auf Anfrage

DARSTELLUNG
Standard-Layout oder CI-gerechte Darstellung in HTML

BESONDERES
- Semantische Suche
- Zielgruppen-Channels: Ingenieurwesen, IT + Telekommunikation, Technische Berufe, Kaufmännische Berufe, Führungskräfte, Marketing, Vertrieb + Verkauf, Finanzen + Steuern + Recht, Ausbildung + Berufsanfänger, Personalwesen, Medizin + Pharma
- Traffic-Partner: Veröffentlichung der Anzeigen auf mehr als 60 Partnerplattformen
- Crossposting auf zahlreichen Mikroblogs wie Twitter, tumblr, plurk etc.
- 14-täglicher Refresh inklusive

stellen-*online.de*

AKTUELL

ÜBERSICHTLICH

WERBEFREI

Der Qualitätsstellenmarkt

stellen-*online.de* bietet als langjährig etablierte Stellenbörse viel Service, neue Produkte und eine Plattform, die zu 100 % für Stellensuchende optimiert ist. Auf Produktwerbung, News-Ticker und weitere Inhalte, die mit der gezielten Jobsuche nichts zu tun haben, wird bewusst verzichtet.

Damit hebt sich **stellen-***online.de* von den meisten Jobbörsen wohltuend ab. Das Spektrum umfasst Positionen für Fach- und Führungskräfte der unterschiedlichsten Branchen.

Welchen Mehrwert bietet stellen-*online.de*?

Semantische Suche

Umkreissuche

SEO – Suchmaschinenoptimierung

Web 2.0 Funktionen

Reichweitenerhöhung durch
Traffic-Partner

IVW-Prüfung

Social-Media-Verknüpfungen

Neuer Nutzerbereich

Kundenservice

Kooperationen mit führenden
Personalberatungen

careerbuilder

JOB SCOUT 24

EINSCHÄTZUNG
Internationale Jobbörse mit Wachstumspotenzial auf dem deutschen Markt

LAUFZEIT
30 Tage

DATEN
- ► Visits pro Monat: 1,7 Mio.
- ► Page-Impressions pro Monat: 10 Mio.
- ► Anzahl der Angebote: 30.000

PREISE
- ► Einzelschaltung:

Standard	695,00 €
Individuell	845,00 €
Premium	995,00 €

- ► Rahmenverträge:

3 Premium-Anzeigen	2.746,20 €
5 Premium-Anzeigen	4.179,00 €
10 Premium-Anzeigen	7.363,00 €

DARSTELLUNG
Standard-Layout oder CI-gerechte Darstellung in HTML

BESONDERES
- ► Stellenanzeigen dreifach präsent – careerbuilder.de, jobscout24.de, jobs.de
- ► Talent Network & Mobile Recruiting
- ► Source & Screen
- ► Bewerbermanagement-System (LUCY, Luceosolutions)

jobcluster.de

EINSCHÄTZUNG
Allgemeine Jobbörse mit großem Regionalnetzwerk

LAUFZEIT
60 Tage

DATEN
▶ Visits pro Monat: 750.000
▶ Page-Impressions pro Monat: keine Angabe
▶ Anzahl der Angebote: keine Angabe

PREISE
▶ Einzelschaltung:
  Standard   440,00 €
  Premium   580,00 €
▶ Rahmenverträge:
  6 Premium-Anzeigen   2.610,00 €
  12 Premium-Anzeigen   4.872,00 €
  24 Premium-Anzeigen   8.352,00 €

DARSTELLUNG
Suchmaschinenoptimiertes Standard-Layout oder CI-gerechte Darstellung in HTML

BESONDERES
Automatisierte Schaltung im Jobcluster-Regionalnetzwerk als Reichweitenverstärker auf bis zu 650 regionalen Jobbörsen

kimeta.de

... einfach den richtigen Bewerber!

EINSCHÄTZUNG
Die führende Jobsuchmaschine in Deutschland

LAUFZEIT
30 Tage

DATEN
- ▶ Visits pro Monat: 2,9 Mio.
- ▶ Page-Impressions pro Monat: über 25 Mio.
- ▶ Anzahl der Angebote: ca. 1,8 Mio.

PREISE
- ▶ Einzelschaltung: 625,00 €
- ▶ Rahmenverträge:

3 Anzeigen	1.675,00 €
5 Anzeigen	2.700,00 €
10 Anzeigen	4.500,00 €
20 Anzeigen	7.300,00 €

DARSTELLUNG
CI-gerechte Darstellung in HTML, PDF oder Direktverlinkung auf die Karriereseite

BESONDERES
- ▶ 2013: Testsieger und Platz 1 bei „Deutschlands beste Jobportale" in der Kategorie Jobsuchmaschinen
- ▶ 2012: Testsieger und Platz 1 bei „Deutschlands beste Jobportale" in der Kategorie Jobsuchmaschinen
- ▶ 2012–2009: Fünf Mal in Folge höchster Zufriedenheitsgrad aller Jobportale bei der CrossPro-Research
- ▶ 2011: Website des Jahres 2011 im Bereich Karriere
- ▶ Hohe SEO-Visibility (Google) im Bereich der Jobsuche

EINSCHÄTZUNG
Jobbörse für Studenten, Absolventen und Young Professionals

LAUFZEIT
30 Tage und länger

DATEN
- ▶ Visits pro Monat: ca. 500.000
- ▶ Page-Impressions pro Monat: ca. 1,5 Mio.
- ▶ Anzahl der Angebote: über 5.000

PREISE
- ▶ Einzelschaltung: 500,00 €
- ▶ Rahmenverträge: auf Anfrage

DARSTELLUNG
Standard-Layout oder CI-gerechte Darstellung in HTML

BESONDERES
- ▶ Spezialportale für Studenten, Absolventen und Young Professionals – absolventa.de, für Praktikanten – praktikum.info sowie für Trainees – trainee-gefluester.de
- ▶ Veröffentlichung der Anzeigen auf den eigenen Karriereseiten sowie auf rund 50 ausgewählten Karriere-Partnerseiten
- ▶ Lebenslaufdatenbank mit rund 72.000 aktiven Nutzern

ZEIT STELLENMÄRKTE

academics

EINSCHÄTZUNG
Karriereportal für Lehre, Forschung und Entwicklung aus dem Hause ZEIT sowie Forschung und Lehre mit internationaler Anbindung (academics.com)

LAUFZEIT
4 Wochen

DATEN
- Visits pro Monat: ca. 765.000 (Quelle: Webtrekk)
- Page-Impressions pro Monat: ca. 2.510.000 (Quelle: Webtrekk)
- Anzahl der Angebote: ca. 1.500

PREISE
- Einzelschaltung: 1.495,00 €
- Rahmenverträge:
  - 3 Anzeigen 3.885,00 €
  - 5 Anzeigen 5.975,00 €
  - 10 Anzeigen 10.950,00 €

DARSTELLUNG
Fließtext oder CI-gerechte Darstellung in HTML

BESONDERES
- Alle Printanzeigen werden kostenlos auf zeit.de/jobs und/oder academics.de ausgespielt
- Stellenanzeigen auf academics.de erscheinen zusätzlich auf forschung-und-lehre.de
- Ansprache von hochqualifizierten, internationalen Bewerbern auf academics.com

EINSCHÄTZUNG
Beste Adresse, um Bewerber aus den Bereichen Vertrieb und Direktmarketing zu erreichen

LAUFZEIT
6 Wochen

DATEN
- ▶ Visits pro Monat: keine Angabe
- ▶ Page-Impressions pro Monat: keine Angabe
- ▶ Anzahl der Angebote: keine Angabe

PREISE
- ▶ Einzelschaltung:

Basic	590,00 €
Silber	690,00 €
Gold	990,00 €
Praktikum	290,00 €

- ▶ Rahmenverträge: auf Anfrage

DARSTELLUNG
Fließtext, Standard-Layout aus 8 Designvorlagen oder CI-gerechte Darstellung

BESONDERES
- ▶ Optimale Vernetzung von Print und Online durch Job-Link in der nächsten Print-Ausgabe von acquisa inkl. ID-Nummer für den direkten Weg zum Online-Stellenangebot
- ▶ Link auf die Anzeige in den redaktionellen, branchenbekannten aquisa-Newslettern
- ▶ Sinnvolle Erweiterung der Reichweite durch Kombi-Anzeigenschaltung über W&V Job-Network: acquisa und W&V

EINSCHÄTZUNG
Spezialisiert auf das Rekrutieren von Auszubildenden, Studierenden und Hochschulabsolventen

LAUFZEIT
3 bzw. 12 Monate

DATEN
► Visits pro Monat: 349.701 (September 2013)
► Page-Impressions pro Monat: 1.796.288 (September 2013)
► Anzahl der Angebote (September 2013):
   90.000 Ausbildungs- und duale Studienplätze
   10.000 Praktika
    2.300 Hochschulangebote

PREISE
► Einzelschaltung:
   Paket L   230,00 € pro Beruf und Standort, Laufzeit 12 Monate
   Paket Lplus 225,00 € pro Beruf und Standort, Laufzeit 3 Monate inkl. On-Top Platzierung
   Paket XL   395,00 € pro Beruf und Standort, Laufzeit 3 Monate inkl. Nutzung des
                    Partnernetzwerkes, insbesondere Anzeige „Präsenz Pro" bei meinestadt.de
► Rahmenverträge: auf Anfrage

DARSTELLUNG
Registerform mit Logo und Verlinkung, Anforderungsprofil, Unternehmensprofil, Zusatzinformationen, Berufsbeschreibung und CI-gerechte Darstellung im PDF

BESONDERES
► All-in-one Lösungsanbieter mit Dienstleistungen vom Bewerbermarketing über Employer Branding bis hin zum Bewerbermanagement
► Bundesweites Schulnetzwerk als Social-Sponsoring-Partner für die Berufs- und Studienorientierung
► Aussteller auf jährlich 60 Bildungs- und Personalmessen
► Regionale Recruiting-Offensiven, um nachwuchskräftesuchende Unternehmen mit jungen Talenten unter Mitwirken der (Hoch-)Schulen und Unterstützer zusammenzubringen
► Optionale Reichweitenerhöhung über das umfassende Partnernetzwerk

bauingenieur24.de

content for constructors

Online-Magazin mit Stellenmarkt
für Bauingenieure [seit 2001]

EINSCHÄTZUNG
Der Name ist Programm

LAUFZEIT
65 Tage (mit 3 kostenfreien Datumsaktualisierungen)

DATEN
▶ Visits pro Monat: ca. 66.247 (10/2012–09/2013)
▶ Page-Impressions pro Monat: ca. 250.437
▶ Anzahl der Angebote: ca. 330

PREISE
▶ Einzelschaltung:

Anzeigenvorlage mit festem Layout	375,00 €
Anzeigenvorlage mit Projektbild	465,00 €
Anzeigenvorlage mit Projektbild-Animation	635,00 €
Anzeigenvorlage mit Video und Blickfang im Stellenmarkt	735,00 €
Gestaltete Anzeige in HTML	485,00 €
Gestaltete Anzeige in HTML mit Video	785,00 €

▶ Rahmenverträge: ab 10 Anzeigen – auf Anfrage

DARSTELLUNG
Festes Layout oder CI-gerechte Darstellung in HTML

BESONDERES
▶ Gemeinsam mit dem Deutschen IngenieurBlatt bietet bauingenieur24.de eine reichweitenstarke Online-Print-Kombination an; die wichtigsten Angaben der Stellenanzeige werden in einer Printanzeige angeteasert
▶ Stellenanzeigen mit Projektbild-Animation (Slideshow)
▶ Video- und vertonte Stellenanzeigen, die durch einen Sprecher vorgelesen werden, sind möglich

EINSCHÄTZUNG
Spezialbörse für Absolventen und Praktikanten

LAUFZEIT
30 Tage, 3, 6 und bis zu 12 Monate

DATEN
▶ Visits pro Monat: 150.000
▶ Page-Impressions pro Monat: 1,8 Mio.
▶ Anzahl der Angebote: rund 40.000

PREISE
▶ Einzelschaltung:
    30 Tage Formular mit Logo   190,00 €
    30 Tage Individuell   380,00 €
▶ Rahmenverträge: 1/2-Jahresflat und 1-Jaresflat auf Anfrage

DARSTELLUNG
Standard-Layout oder CI-gerechte Darstellung in HTML

BESONDERES
▶ Eingebunden in rund 250 Jobportalen an Universitäten und Hochschulen
▶ Bewerberdatenbank mit 50.000 Lebensläufen, nicht älter als 1 Jahr
▶ Matching von Anzeigenprofil mit Bewerberprofil
▶ Kombination von Print- und Onlineanzeigen möglich

EINSCHÄTZUNG
Spezialisierter Stellenmarkt für Fach- und Führungskräfte in Chemie und Analytik

LAUFZEIT
8 Wochen

DATEN
- ▶ Visits pro Monat: 1,1 Mio
- ▶ Page-Impressions pro Monat: 3 Mio.
- ▶ Anzahl der Angebote: ca. 120

PREISE
- ▶ Einzelschaltung:
  Standard-Layout   620,00 €
  CI-gerechte Darstellung in HTML   820,00 €
- ▶ Rahmenverträge: Standard-Layout   CI-gerechte Darstellung

	Standard-Layout	CI-gerechte Darstellung
3 Anzeigen	1.767,00 €	2.337,00 €
5 Anzeigen	2.790,00 €	3.690,00 €
10 Anzeigen	5.270,00 €	6.970,00 €

DARSTELLUNG
Standard-Layout oder CI-gerechte Darstellung in HTML

BESONDERES
- ▶ Anzeigen erscheinen bei Eignung zusätzlich auf bionity.com, dem Fachportal für Biotech, Life Science und Pharma (auch Einzelbuchung möglich)
- ▶ Dank der Integration der Stellenmärkte in fünf reichweitenstarke Informationsportale erreicht die HR-Maßnahme auch Fachpersonal, das derzeit nicht aktiv auf Jobsuche, aber wechselwillig ist
- ▶ Internationale Stellenanzeigen auf Englisch
- ▶ Weitere Marketingoptionen: Job der Woche; Versand in den CHEMIE.DE Newslettern an bis zu 70.000 Empfänger; Bannerschaltung
- ▶ Kostenlose Bewerberdatenbank

EINSCHÄTZUNG
Branchen-Stellenmarkt für Design, Fotografie, Multimedia und Werbung

LAUFZEIT
Basiseintrag frei wählbar
Premiumeintrag 3 Wochen

DATEN
- ► Visits pro Monat: 400.000
- ► Page-Impressions pro Monat: 2,5 Mio.
- ► Anzahl der Angebote: ca. 4.000

PREISE
- ► Einzelschaltung:
  Basiseintrag kostenlos
  Premiumeintrag mit Hervorhebung und Oben-Platzierung 299,00 €
- ► Rahmenverträge: auf Anfrage

DARSTELLUNG
Portal-Layout (Fließtext + Logo)

BESONDERES
- ► 70.000 Mitglieder-Profile, z. T. mit Portfolios
- ► 13.000 Mailagent-Abonnements
- ► Facebook- und Twitter-Integration
- ► RSS-Jobfeeds

EINSCHÄTZUNG
Portal für medizinische Fachberufe in Europa (Zielgruppe: Ärzte, Apotheker, Medizinstudenten und Heilberufe)

LAUFZEIT
90 Tage

DATEN
▶ Visits pro Monat:
  60.000 (Jobs) (IVW-geprüft)
  5 Mio. (Gesamt) (IVW-geprüft)
▶ Page-Impressions pro Monat:
  200.000 (Jobs) (IVW-geprüft)
  11,5 Mio. (Gesamt) (IVW-geprüft)
▶ Anzahl der Angebote: ca. 4.000

PREISE
▶ Einzelschaltung: gestaltete Premium-Anzeige 350,00 €
▶ Rahmenverträge:
  3 Anzeigen   950,00 €
  5 Anzeigen   1.450,00 €
  10 Anzeigen   2.650,00 €
  20 Anzeigen   4.950,00 €

DARSTELLUNG
CI-gerechte Darstellung in PDF oder HTML

BESONDERES
▶ Premium-Stellenanzeigen werden auch in der DocCheck Community, der größten Healthcare-Community Europas mit über 950.000 Mitgliedern, veröffentlicht
▶ DocCheck Jobs ist in 6 Sprachen verfügbar und bietet internationale Jobangebote
▶ Rekrutierung per E-Mail ohne Streuverluste: mit der DocCheck JobMail haben Arbeitgeber die Möglichkeit, ihre Wunschkandidaten ohne Streuverluste anzusprechen, z. B. Assistenzärzte in NRW & RP mit Fachgebiet Innere Medizin
▶ Kostenlose Bewerber- und Honorarärzte-Datenbank

www.dv-treff.de
FORUM für SAP®

EINSCHÄTZUNG
Auf SAP ausgerichtetes Stellen- und Bewerberportal mit angeschlossenem Diskussionsforum für SAP-Anwender/-Experten

LAUFZEIT
28 Tage

DATEN
- Visits pro Monat: 130.000
- Page-Impressions pro Monat: 470.000
- Anzahl der Angebote: ca. 1.500–2.000

PREISE
- Einzelschaltung:
  Self Service   450,00 €
  Full Service   790,00 €
- Rahmenverträge: Testpaket über 3 Anzeigen mit 8 Wochen Laufzeit 900,00 €

DARSTELLUNG
Gestaltete HTML-Anzeige oder Selbstschaltung (auch als Link auf Homepage oder PDF-Dokument möglich)

BESONDERES
- Zielgruppengenaue Bannerwerbung
- Zahlreiche Kooperationen mit Jobsuchmaschinen
- Unternehmenspräsentation für SAP-Dienstleister
- Freelancerdatenbank
- Angeschlossenes SAP-Forum mit mehr als 14.000 registrierten SAP-Anwendern/-Experten

efinancialcareers

EINSCHÄTZUNG
DIE Jobbörse für den gesamten Finanz- und Bankensektor

LAUFZEIT
30 Tage und länger

DATEN
▶ Visits pro Monat:
deutschlandweit ca. 80.000
weltweit   ca. 1,3 Mio.
▶ Page-Impressions pro Monat: ca. 380.000 (deutschlandweit)
▶ Anzahl der Angebote: keine Angabe

PREISE
▶ Einzelschaltung: 695,00 €
▶ Rahmenverträge:
   5 Anzeigen   2.800,00 €
  10 Anzeigen   3.500,00 €
  weitere auf Anfrage

DARSTELLUNG
Standard-Layout

BESONDERES
▶ Spezialisiert in sämtlichen Finanzsektoren, unter anderem in Investment Banking, Asset und Wealth Management, Risk, Compliance, Back-Office und Controlling
▶ Bewerberdatenbank mit Profilen hochkarätiger Fachkräfte aus allen Verantwortungsebenen und Qualifikationsprofilen
▶ Kostenloser Anzeigen-Refresh alle 3 Tage
▶ Mobile Recruiting Lösungen
▶ Veröffentlichung auf über 80 Partnerportalen

experteer.de
hunt for talent

EINSCHÄTZUNG
Geschlossenes Karrierenetzwerk für die Direktansprache von wechselbereiten Spitzenkräften in Deutschland und Europa

LAUFZEIT
30 Tage

DATEN
▶ Visits pro Monat: >1 Mio. (Google Analytics, Januar 2013)
▶ Page-Impressions pro Monat: > 3,2 Mio. (Google Analytics, Januar 2013)
▶ Anzahl der Angebote: keine Angabe

PREISE
▶ Einzelschaltung:
   Premium Posting   995,00 €
   Professional Posting   1.495,00 €
   Professional Solution   1.995,00 €
   Search & Ident   ab 1.250,00 €
▶ Rahmenverträge: auf Anfrage

DARSTELLUNG
CI-gerechte Darstellung in HTML, Employer Branding

BESONDERES
▶ Exklusive Kandidaten-Datenbank mit qualifizierten Spitzenkräften ab 60.000 € Jahresgehalt
▶ Über 700.000 wechselbereite Professionals und Executives in Deutschland
▶ Intelligentes Matching von Kandidatensuche und Stellenanzeige
▶ Direkter Vergleich von mehreren Kandidaten in einer Ansicht

Frankfurter Allgemeine
FAZJOB.NET

EINSCHÄTZUNG
Ein anspruchsvoller Stellenmarkt, der nach wie vor vom renommierten Namen F.A.Z. profitiert

LAUFZEIT
30 Tage

DATEN
▶ Visits pro Monat: 437.174 (September 2013)
▶ Page-Impressions pro Monat: 1.030.627 (September 2013)
▶ Anzahl der Angebote: keine Angabe

PREISE
▶ Einzelschaltung:
   Standard-Layout   895,00 €
   Individuelles Layout   1.095,00 €
   Top Executie   1.500,00 €
▶ Rahmenverträge: auf Anfrage

DARSTELLUNG
HTML (Standard-Layout oder individuelles Firmen-Layout)

BESONDERES
▶ Top Executive: Online-Anzeige im oberen Bereich der Trefferliste; auch als Upgrade buchbar
▶ Automatisch in der FAZjob.NET-App für Smartphones
▶ hochschulanzeiger.de gehört zur F.A.Z.

KLUGE KÖPFE

suchen bei uns.

UND FINDEN SIE.

Mit einer einzigen Anzeige im F.A.Z.-Stellenmarkt erreichen Sie über 2 Millionen* Leser der F.A.Z. am Samstag und der Frankfurter Allgemeinen Sonntagszeitung sowie 277 000 Unique User** von FAZjob.NET. Wir beraten Sie gerne telefonisch unter der Nummer (069) 75 91-34 00 oder per E-Mail an stellenmarkt@faz.de

*AWA 2013 **AGOF internet facts 2013-08

Samstags. Sonntags. Immer.

FashionUnited
The International Industry Platform

EINSCHÄTZUNG
Online-Stellenmarkt der Modebranche

LAUFZEIT
8 Wochen

DATEN
▶ Visits pro Monat: 1.615.000
▶ Page-Impressions pro Monat: 9.355.000
▶ Anzahl der Angebote: > 7.500

PREISE
▶ Einzelschaltung:
   Standard-Format mit Logo   99,00 €
   Standard-Format mit 1 Bild   149,00 €
   Individuelles Layout   199,00 €
▶ Rahmenverträge:
   5 Anzeigen Standard-Format mit Logo   485,00 €
   5 Anzeigen Standard-Format mit 1 Bild 725,00 €
   5 Anzeigen Individuelles Layout   975,00 €
   weitere auf Anfrage

DARSTELLUNG
Textformat oder PDF

greenjobs.de
Die Jobbörse für Umweltfachkräfte

EINSCHÄTZUNG
Die führende Jobbörse für grüne Berufe im deutschsprachigen Internet

LAUFZEIT
6 Wochen

DATEN
- ▶ Visits pro Monat: ca. 100.000
- ▶ Page-Impressions pro Monat: ca. 350.000
- ▶ Anzahl der Angebote: ca. 600

PREISE
- ▶ Einzelschaltung:
  - Standard-Layout   98,00 €
  - Individuelles Layout   128,00 €
- ▶ Rahmenverträge:
  - 12 Anzeigen   980,00 €
  - 12 Monate Flatrate   2.900,00 €

DARSTELLUNG
Standard-Layout oder CI-gerechte Darstellung in HTML oder PDF (wird vom Kunden geliefert)

BESONDERES
- ▶ Anzeigen aus dem Bereich Erneuerbare Energien erscheinen zusätzlich auf eejobs.de, der führenden Online-Stellenbörse speziell für Erneuerbare Energien
- ▶ Zielgerichtete Ansprache von Bewerbern durch inhaltliche klare Fokussierung (Umwelt und Erneuerbare Energien)
- ▶ Zahlreiche Kooperationen zur zielgerichteten Weiterverbreitung der Stellenanzeigen (Branchenverbände, Messen, Informationsportale)
- ▶ Weiterverbreitung der Stellenanzeigen in sozialen Netzwerken
- ▶ Möglichkeit individuelle Suchergebnisse als Newsfeeds zu abonnieren

handelsjobs.de

Die Jobbörse für Ihre Karriere im Handel

EINSCHÄTZUNG
Die Jobplattform für Markt-Profis für die Fläche

LAUFZEIT
4 Wochen

DATEN
▶ Visits pro Monat: 35.429 (Google Analytics, September 2013)
▶ Page-Impressions pro Monat: 177.446 (Google Analytics, September 2013)
▶ Anzahl der Angebote: 22.760

PREISE
▶ Einzelschaltung:
  Standard   149,00 €
  Premium   349,00 €
▶ Rahmenverträge:
  3 Anzeigen Standard   435,00 €
  3 Anzeigen Premium   1.016,00 €
  weitere auf Anfrage

DARSTELLUNG
CI-gerechte Darstellung in HTML oder PDF

EINSCHÄTZUNG
Spezial-Stellenbörse für die Gesundheitsbranche mit hohem Bekanntheitsgrad in diesem Fachbereich

LAUFZEIT
8 Wochen

DATEN
▶ Visits pro Monat: ca. 70.000
▶ Page-Impressions pro Monat: ca. 600.000
▶ Anzahl der Angebote: ca. 1.200

PREISE
▶ Einzelschaltung: 510,00 €
▶ Rahmenverträge:
    3 Anzeigen   1.225,00 €
    5 Anzeigen   1.785,00 €
   10 Anzeigen   2.800,00 €
    Anzeigen-Flatrate auf Anfrage

DARSTELLUNG
CI-gerechte Darstellung in HTML

BESONDERES
Stellenanzeigen erscheinen zusätzlich auf medical-job.net und nur für Ärzte auf arzt-job.net sowie bei weiteren Kooperationspartnern

EINSCHÄTZUNG
IT-/TK-Fachjobbörse unter dem Dach von heise online

LAUFZEIT
4, 8 und 12 Wochen

DATEN
- ▶ Visits pro Monat: keine Angabe
- ▶ Page-Impressions pro Monat: ca. 320.000 (IVW-geprüft, Stand April 2013)
- ▶ Anzahl der Angebote: ca. 1.200

PREISE
- ▶ Einzelschaltung:
  4 Wochen Standard-Layout   470,00 €
  4 Wochen CI-gerechte Darstellung   660,00 €
- ▶ Rahmenverträge: CI-gerechte Darstellung
    5 Anzeigen   2.805,00 €
   10 Anzeigen   5.280,00 €

DARSTELLUNG
Standard-Layout mit Logo oder CI-gerechte Darstellung in HTML

BESONDERES
- ▶ Sonderpreis für Ausbildungs- und Praktikumsanzeigen
- ▶ Jobagenten mit den neuesten und besten Stellenangeboten

EINSCHÄTZUNG
Die Karriere-Plattform für die Hotellerie

LAUFZEIT
1, 3, 6 und 12 Monate

DATEN
- ▶ Visits pro Monat: 1.208.000
- ▶ Page-Impressions pro Monat: keine Angabe
- ▶ Anzahl der Angebote: 11.650

PREISE
- ▶ Einzelschaltung: 1 Monat (bis zu 10 Einsatzorte) 335,00 €
- ▶ Rahmenverträge:

bis zu 3 Anzeigen/Monat	220,00 €
bis zu 6 Anzeigen/Monat	240,00 €
unbegrenzte Anzeigen/Monat	275,00 €
weitere auf Anfrage	

DARSTELLUNG
Verschiedene Standard-Layouts oder HTML-Anzeige (gegen Aufpreis)

BESONDERES
- ▶ Einbindung der Jobs bei diversen Partnerseiten
- ▶ ho:re:so Bewerberverwaltung
- ▶ Kostenfreie Jobliste zur Einbindung der Stellenanzeigen auf der Unternehmenswebsite

EINSCHÄTZUNG
Großer Online-Fachstellenmarkt für Marketing, Werbung, Medien, Mediasales und Kommunikation

LAUFZEIT
6 Wochen

DATEN
- ▶ Visits pro Monat: 56.000
- ▶ Page-Impressions pro Monat: 235.000
- ▶ Anzahl der Angebote: rund 1.300

PREISE
- ▶ Einzelschaltung:

  Stellenanzeige 680,00 €

  Praktikum/Ausbildungsplatz 230,00 €
- ▶ Rahmenverträge:

  5 Anzeigen 2.710,00 €

  10 Anzeigen 4.750,00 €

  20 Anzeigen 8.050,00 €

  weitere auf Anfrage

DARSTELLUNG
HTML-, PDF- oder Textformat

BESONDERES
- ▶ Crossmedia-Pakete
- ▶ careermag – das Karrieremagazin von HORIZONT

EINSCHÄTZUNG
IT-Jobbörse mit kompetenzbasierter Suche für relevantere Ergebnisse

LAUFZEIT
30, 60 und 365 Tage

DATEN
- ▶ Visits pro Monat: 90.000
- ▶ Page-Impressions pro Monat: ca. 270.000
- ▶ Anzahl der Angebote: ca. 1.500

PREISE
- ▶ Einzelschaltung:

30 Tage Standard-Layout	499,00 €
30 Tage CI-gerechte Darstellung	548,00 €
365 Tage CI-gerechte Darstellung	2.499,00 €

- ▶ Rahmenverträge:

	Standard-Layout	CI-gerechte Darstellung
3 Anzeigen	1.127,00 €	1.238,00 €
5 Anzeigen	1.624,00 €	1.784,00 €

DARSTELLUNG
Standard-Layout oder CI-gerechte Darstellung in HTML

BESONDERES
- ▶ CV-Datenbank
- ▶ Zeitsparende Skill-Suche
- ▶ Weitere Präsenzen in Spanien, Frankreich, Belgien und Luxemburg
- ▶ Mehrfachveröffentlichung der Anzeigen auf über 50 Partnerportalen (Meta-Suchmaschinen, spezialisierte Zielgruppenmedien für Untergruppen der IT-Berufe, spezielle Partner für Karrierestufen)

VDI nachrichten
ingenieurkarriere.de

EINSCHÄTZUNG
Deutschlands großer Online-Stellenmarkt für technische Fach- und Führungskräfte

LAUFZEIT
4 Wochen

DATEN
▶ Visits pro Monat: Ø 123.342
▶ Page-Impressions pro Monat: Ø 626.048
▶ Anzahl der Angebote: Ø 757

PREISE
▶ Einzelschaltung: 995,00 €
▶ Rahmenverträge:
   10–24 Anzeigen   12,5 % Rabatt
   ab 25 Anzeigen   25 % Rabatt

DARSTELLUNG
CI-gerechte Darstellung in HTML

BESONDERES
Recruiting Tag (s. Rubrik „MESSEN UND VERANSTALTUNGEN" VDI nachrichten Recruiting Tag)

EINSCHÄTZUNG
Spezialisiertes Ingenieurportal für alle technisch geprägten Branchen und Funktionen

LAUFZEIT
30 und 60 Tage

DATEN
▶ Visits pro Monat: über 78.000
▶ Page-Impressions pro Monat: 795.300
▶ Anzahl der Angebote: Ø 580

PREISE
▶ Einzelschaltung:

30 Tage Fließtext mit Logo/Selbsteingabe	685,00 €
30 Tage CI-gerechte Darstellung	875,00 €
30 Tage Premium Plus	1.045,00 €

▶ Rahmenverträge:
Testpaket über 3 Anzeigen 1.750,00 €
weitere auf Anfrage

DARSTELLUNG
Fließtext mit Logo oder CI-gerechte Darstellung im Firmen-Layout

BESONDERES
▶ Bewerberdatenbank
▶ Reichweitenstärke durch Bannerschaltung
▶ Employer Branding mit Firmenportrait
▶ Kostenlose Online-Veröffentlichung von Stellenanzeigen aus den Bereichen Praktikum, Studium und Ausbildung

EINSCHÄTZUNG
Spezialportal für IT-/SAP-Fachpositionen

LAUFZEIT
30 Tage und länger

DATEN
▶ Visits pro Monat: ca. 65.000
▶ Page-Impressions pro Monat: keine Angabe
▶ Anzahl der Angebote: ca. 4.200

PREISE
▶ Einzelschaltung:
  Standard-Anzeige   699,00 €
  Premium-Anzeige   850,00 €
▶ Rahmenverträge:
  5 Anzeigen   2.500,00 €
  10 Anzeigen   4.500,00 €

DARSTELLUNG
Standard-Layout oder CI-gerechte Darstellung in HTML

BESONDERES
▶ SAP Anzeigen werden auch auf SAP Job Board.com veröffentlicht
▶ Zur Stellenausschreibung passende Profile werden aktiv aus der Datenbank angesprochen
▶ Datenbank mit mehr als 79.000 IKT-Spezialisten
▶ Kandidaten Marketing in allen relevanten Kanälen inkl. XING-Ansprache und den IT-Foren
  Slashdot und Sourceforge mit mehr als 2,5 Millionen Besuchern monatlich

EINSCHÄTZUNG
Auf IT-Fachkräfte spezialisierte Jobbörse

LAUFZEIT
28 Tage

DATEN
- ▶ Visits pro Monat: 110.000
- ▶ Page-Impressions pro Monat: 450.000
- ▶ Anzahl der Angebote: ca. 250–350

PREISE
- ▶ Einzelschaltung:
  Self Service   300,00 €
  Full Service   490,00 €
- ▶ Rahmenverträge: Testangebot über 3 Anzeigen mit 8 Wochen Laufzeit 750,00 €

DARSTELLUNG
Gestaltete HTML-Anzeige oder Selbstschaltung (auch als Link auf Homepage oder PDF-Dokument möglich)

BESONDERES
Zahlreiche Kooperationen mit Jobsuchmaschinen

Die Konkurrenz ist stark.

Nur mit der besten Aufstellung können Sie gewinnen.

Bringen Sie mit uns die richtigen Spieler auf das Feld!

www.it-treff.de
IT-Treff

EINSCHÄTZUNG
Spezialisiertes Karriereportal für Fach- und Führungspersonal der IT- & Telekommunikations-branche

LAUFZEIT
30 und 60 Tage

DATEN
► Visits pro Monat: 44.000
► Page-Impressions pro Monat: 366.500
► Anzahl der Angebote: Ø 600

PREISE
► Einzelschaltung:

30 Tage Fließtext mit Logo / Selbsteingabe	345,00 €
30 Tage CI-gerechte Darstellung	495,00 €
30 Tage PremiumPlus inkl. Extras	615,00 €

► Rahmenverträge:
Testpaket über 3 Anzeigen ab 780,00 €
weitere auf Anfrage

DARSTELLUNG
Standard-Layout oder CI-gerechte Darstellung in HTML

BESONDERES
► Banner-Marketing in einem exklusiven und zielgerichteten Werbeumfeld
► Firmenportrait für Ihr Employer Branding
► Zahlreiche Kooperationen mit Online-Medien wie Suchmaschinen, Partner aus der Berufs- und Karrierewelt u. v. m.
► Bewerberdatenbank mit qualifizierten Lebensläufen

EINSCHÄTZUNG
Online-Stellenmarkt für Ärzte, Pflegeberufe, medizinische Berufe sowie Verwaltungs- und Managementpositionen im Krankenhaus

LAUFZEIT
60 Tage

DATEN
▶ Visits pro Monat: 450.000
▶ Page-Impressions pro Monat: keine Angabe
▶ Anzahl der Angebote: 5.000

PREISE
▶ Einzelschaltung:
    Standard   440,00 €
    Premium   580,00 €
▶ Rahmenverträge:
    6 Premium-Anzeigen   2.610,00 €
    12 Premium-Anzeigen   4.872,00 €
    24 Premium-Anzeigen   8.352,00 €

DARSTELLUNG
Suchmaschinenoptimiertes Standard-Layout oder CI-gerechte Darstellung in HTML

BESONDERES
▶ Kooperation mit dem Bibliomed Fachverlag
▶ Crossmediale Insertionsmöglichkeiten in Verbindung mit den Fachmagazinen Schwester/Pfleger, GesundheitsWirtschaft, f&w sowie Arzt und Krankenhaus

EINSCHÄTZUNG
Spezialisierter Stellenmarkt für die Chemie- und Pharmaindustrie in Deutschland und dem deutschsprachigen Ausland

LAUFZEIT
60 Tage

DATEN
- ▶ Visits pro Monat: 250.000
- ▶ Page-Impressions pro Monat: keine Angabe
- ▶ Anzahl der Angebote: keine Angabe

PREISE
- ▶ Einzelschaltung:
  Standard   627,00 €
  Premium   895,00 €
- ▶ Rahmenverträge:
  6 Premium-Anzeigen   4.967,25 €
  24 Premium-Anzeigen 19.332,00 €

DARSTELLUNG
Suchmaschinenoptimiertes Standard-Layout oder CI-gerechte Darstellung in HTML

BESONDERES
- ▶ Partnerschaft mit dem Verlag Wiley-VCH und dem Bundesarbeitgeberverband Chemie (BAVC)
- ▶ Crossmediale Insertionsmöglichkeiten in den Fachtiteln CHEManager (Branchenzeitung für Fach- und Führungskräfte der Chemie- und Pharmaindustrie), GIT Labor-Fachzeitschrift (Forschung und Entwicklung im Labor) und CITplus (Praxismagazin für Chemie- und Verfahrensingenieure)

EINSCHÄTZUNG
Spezialisierter Stellenmarkt für Naturwissenschaftler, Ingenieure und Techniker

LAUFZEIT
6 Wochen

DATEN
▶ Visits pro Monat: über 275.000
▶ Page-Impressions pro Monat: keine Angabe
▶ Anzahl der Angebote: über 700

PREISE
▶ Einzelschaltung:
  Standard Design inkl. 1 Refresh   555,00 €
  Corporate Design inkl. 1 Refresh   777,00 €
▶ Rahmenverträge: auf Anfrage

DARSTELLUNG
▶ Standard Design: vorgefertigte Formulare
▶ Corporate Design: CI-gerechte Darstellung in HTML oder PDF

BESONDERES
▶ Zielgruppenfokussiertes Recruiting Portfolio
▶ Reichweitenerhöhung durch ein branchenspezifisches Partnernetzwerk
▶ Umfassender fachspezifischer Talent-Pool mit über 80 % Akademikern
▶ Branchenspezifische Recruiting Events: jobvector career days
▶ Zielgruppenspezifischer Karriereratgeber: „Karrieretrends für Naturwissenschaftler & Ingenieure"

Karriere-Jura

EINSCHÄTZUNG
Fach-Stellenbörse für den Bereich Recht & Steuern

LAUFZEIT
45 Tage

DATEN
- ▶ Visits pro Monat: bis zu 40.000
- ▶ Page-Impressions pro Monat: bis zu 500.000
- ▶ Anzahl der Angebote: ca. 500

PREISE
- ▶ Einzelschaltung:
  Standard   320,00 €
  Premium   495,00 €
- ▶ Rahmenverträge:
   5 Anzeigen   5 % Nachlass
  10 Anzeigen   10 % Nachlass

DARSTELLUNG
Standard-Layout oder CI-gerechte Darstellung in HTML

BESONDERES
Durch ein Partnerprogramm werden alle Anzeigen auf juristischen Portalen mitveröffentlicht

EINSCHÄTZUNG
Spezialisierter Stellenmarkt für Ärzte und Pflegeberufe

LAUFZEIT
8 Wochen

DATEN
▶ Visits pro Monat: bis zu 1 Mio.
▶ Page-Impressions pro Monat: bis zu 6 Mio.
▶ Anzahl der Angebote: ca. 450

PREISE
▶ Einzelschaltung: 400,00 €
▶ Rahmenverträge:

3 Anzeigen	750,00 €
5 Anzeigen	1.200,00 €
10 Anzeigen	1.900,00 €
15 Anzeigen	2.700,00 €

DARSTELLUNG
Fließtext oder CI-gerechte Darstellung in HTML oder PDF

BESONDERES
▶ Exklusiv-Partner der Marburger Bund Zeitung bei Online-Stellenanzeigen mit dem Angebot Print-Online
▶ Umfangreiche Bewerberdatenbank mit stets aktuellen Bewerberprofilen
▶ Aussteller bei relevanten Fachmessen
▶ Umfangreiche Präsentationsmöglichkeiten für Arbeitgeber (Klinikpräsentationen, Videos, Veröffentlichung von Fachbeiträgen, Social Media)

EINSCHÄTZUNG
Größter und meistgenutzter Stellenmarkt speziell für die Kunststoffindustrie

LAUFZEIT
2 Monate

DATEN
▶ Visits pro Monat: 26.508 (Oktober 2013)
▶ Page-Impressions pro Monat: 88.543 (Oktober 2013)
▶ Anzahl der Angebote: Ø 174

PREISE
▶ Einzelschaltung: 480,00 €
▶ Rahmenverträge:
   3 Anzeigen   15 % Rabatt
   5 Anzeigen   25 % Rabatt
   weitere auf Anfrage

DARSTELLUNG
CI-gerechte Darstellung in HTML

BESONDERES
▶ Stellenmarkt-Partner: TecPart e.V., KI – Kunststoff Information, GKV e.V., pro-K e.V.,
   kunststofflandNRW e.V., KunststoffXtra, Impetus, K-online.de, Plasteurope.com,
   PIE – Plastics Information Europe, K-PROFI
▶ Print-Veröffentlichung: Veröffentlichung der Anzeige als Joblink in der monatlichen
   Printbeilage der KI – Kunststoff Information
▶ Versand im täglichen und wöchentlichen Newsletter des KunststoffWeb

Lebensmittel Zeitung.net /jobs

EINSCHÄTZUNG
Das branchenspezifische Jobportal für Handel und Konsumgüterindustrie

LAUFZEIT
6 Wochen

DATEN
- ▶ Visits pro Monat: 53.469 (Google Analytics, April 2013)
- ▶ Page-Impressions pro Monat: 309.862 (Google Analytics, April 2013)
- ▶ Anzahl der Angebote: 144

PREISE
- ▶ Einzelschaltung: 595,00 €
- ▶ Rahmenverträge:
    - 3 Anzeigen   1.610,00 €
    - 10 Anzeigen   4.820,00 €
    - 20 Anzeigen   8.450,00 €

DARSTELLUNG
Standard-Layout oder CI-gerechte Darstellung in HTML

BESONDERES
- ▶ News & Tipps zum Thema Karriere in Handel und Konsumgüterindustrie
- ▶ Jeden Freitag ein kostenloser Karriere Newsletter
- ▶ Nützliche Funktionen für Bewerber und Arbeitgeber: Job-Mail, Online-Bewerbungsmappen, Bewerber-Suche und -Ranking

EINSCHÄTZUNG
Beste Adresse für Ausschreibungen im Bereich Online Marketing, Social Media und Digital Business

LAUFZEIT
6 Wochen

DATEN
▶ Visits pro Monat: keine Angabe
▶ Page-Impressions pro Monat: keine Angabe
▶ Anzahl der Angebote: keine Angabe

PREISE
▶ Einzelschaltung:

Basic	590,00 €
Silber	690,00 €
Gold	990,00 €
Praktikum	290,00 €

▶ Rahmenverträge: auf Anfrage

DARSTELLUNG
Fließtext, Standard-Layout aus 8 Designvorlagen oder CI-gerechte Darstellung

BESONDERES
▶ Bei Online-Only Link auf Anzeige zusätzlich in Newslettern, W&V Mobile App und auf der Facebook Fanpage
▶ Über Premium-Option „Top-Job" Möglichkeit der Priorisierung einer Stellenanzeige Online (Platzierung an oberster Stelle inkl. Firmenlogo)
▶ Sinnvolle Erweiterung der Reichweite durch Kombi-Anzeigenschaltung über W&V Network: LEAD digital und W&V

IHR SCHLÜSSEL
ZUR DIGITALEN JOBWELT ▪️━

www.lead-digital.de/stellenmarkt

Recruiter

Online-Spezialisten für Ihr
Business finden Sie im
14-täglichen Print-Stellenmarkt
oder im Online-Karriere-
netzwerk von LEAD digital.

Bewerber

Mit dem Stellenmarkt von
LEAD digital finden Sie Ihren
Traumjob im Digital Business.

WE KNOW DIGITAL BUSINESS

EINSCHÄTZUNG
Spezialisiertes Karriereportal rund um die gesamte Logistikbranche

LAUFZEIT
60 Tage

DATEN
- ▶ Visits pro Monat: 21.400
- ▶ Page-Impressions pro Monat: 43.000
- ▶ Anzahl der Angebote: keine Angabe

PREISE
- ▶ Einzelschaltung:
  Standard   155,00 €
  Premium   265,00 €
- ▶ Rahmenverträge: auf Anfrage

DARSTELLUNG
Fließtext mit Logo oder CI-gerechte Darstellung im Firmenlayout

BESONDERES
- ▶ Branchenbuch für den Logistikbereich, Eintrag in verschiedenen Varianten möglich
- ▶ Kostenlose Online-Veröffentlichung von Stellenanzeigen aus den Bereichen Praktikum, Studium und Ausbildung
- ▶ Bannermarketing in einem exklusiven und zielgerichteten Werbeumfeld
- ▶ Zusätzliche Darstellung durch Online-Kooperationen

salesjob
STELLENMARKT
Der Stellenmarkt
für den Vertrieb.

EINSCHÄTZUNG
Karriereportal für Fach- und Führungskräfte im Vertrieb

LAUFZEIT
30 Tage, 60 Tage und länger

DATEN
▶ Visits pro Monat: ca. 375.000
▶ Page-Impressions pro Monat: ca. 11 Mio.
▶ Anzahl der Angebote: ca. 2.200

PREISE
▶ Einzelschaltung:
  30 Tage Selbsteingabe   800,00 €
  30 Tage Standard-Layout oder gestaltete Anzeige   900,00 €
  60 Tage Selbsteingabe   1.000,00 €
  60 Tage Standard-Layout oder gestaltete Anzeige 1.100,00 €
  top job: Startseite, Hervorhebung, Newsletter   1.400,00 €
▶ Rahmenverträge:
  3 Anzeigen   1.900,00 €
  5 Anzeigen inkl. 1 top job   3.400,00 €
  weitere auf Anfrage

DARSTELLUNG
Standard-Layout oder gestaltet gelieferte Anzeige in HTML

BESONDERES
▶ Salesjob MAG mit aktuellen Themen, Karriere- und Vertriebstipps
▶ Karrierebegleitung durch professionelle Personalberater
▶ Newsletterservice mit aktuellen individuellen Stellen

EINSCHÄTZUNG
Innovatives, regionales IT Recruiting auf dem weltweit größten Entwicklerforum

LAUFZEIT
30 Tage

DATEN
- ▶ Visits pro Monat:
  weltweit   156,0 Mio.
  deutschlandweit   6,7 Mio.
- ▶ Page-Impressions pro Monat:
  weltweit   424,0 Mio.
  deutschlandweit 17,8 Mio.
- ▶ Anzahl der Angebote:
  weltweit   ca. 2.000
  deutschlandweit   ca. 120

PREISE
- ▶ Einzelschaltung:
Standard	450,00 €
Featured	575,00 €
Top-Spot	800,00 €
Top-Spot + Featured	925,00 €
- ▶ Rahmenverträge:
5 Anzeigen	10 % Nachlass
10 Anzeigen	20 % Nachlass

DARSTELLUNG
Formatierter Text mit Logo und eingebundenem Unternehmensprofil

BESONDERES
- ▶ Stack Overflow ist das größte Forum für Softwareentwickler und wird von 90 % der Entwickler genutzt
- ▶ Exklusive Kandidaten-Datenbank der weltweit besten Programmierer (über 100.000 Profile) inkl. detaillierter Bewertungen aus der Entwickler-Community

javascript

asp.net

c#

python

php

android

ruby

iOS

T5 (JobBörse

EINSCHÄTZUNG
Für Fach- und Führungskräfte in den Branchen Biotech, Chemie, Erneuerbare Energien, Healthcare, Life Science, Medizintechnik und Pharmazie

LAUFZEIT
60 Tage

DATEN
- ▶ Visits pro Monat: ca. 23.000
- ▶ Page-Impressions pro Monat: 200.000
- ▶ Anzahl der Angebote: ca. 250

PREISE
- ▶ Einzelschaltung: 630,00 €
- ▶ Rahmenverträge:

  5 Anzeigen   2.400,00 €

  10 Anzeigen   4.650,00 €

  20 Anzeigen   9.000,00 €

  Flatrate auf Anfrage

DARSTELLUNG
CI-gerechte Darstellung in HTML oder PDF

BESONDERES
- ▶ T5 Karriereportal Portfolio: JobMessen, JobBörse, Online-Arbeitgeberportraits, Branchen- und Karriereführer (Publikation), Recruiting Kampagnen
- ▶ Zielgruppen Sub-Channels, z. B. Ingenieure, Führungskräfte etc.
- ▶ Über 15.000 registrierte Profile/Jobletter-Abonnenten

Karrieren im Mittelstand *beginnen hier.*

EINSCHÄTZUNG
Die Online-Jobbörse für den Mittelstand

LAUFZEIT
60 Tage und länger

DATEN
- ▶ Visits pro Monat: > 350.000
- ▶ Page-Impressions pro Monat: > 750.000
- ▶ Anzahl der Angebote: > 3.000

PREISE
- ▶ Einzelschaltung:
60 Tage Professional	490,00 €
60 Tage Premium	790,00 €
12 Monate Firmenprofil	960,00 €
- ▶ Rahmenverträge:
3 Anzeigen	1.350,00 €
5 Anzeigen	1.950,00 €

  weitere Rahmenverträge und Flatrates auf Anfrage

DARSTELLUNG
Standard-Layout oder CI-gerechte Darstellung in HTML

BESONDERES
- ▶ Erneut Top-Platzierung bei „Deutschlands beste Jobportale 2013"
- ▶ Bestes Preis-/Leistungsverhältnis, bester Kundenservice (PROFILO 2013)
- ▶ Hohe Bewerberzufriedenheit und Suchqualität (CrossPro 2013)
- ▶ Einzigartiger Kandidatenkreis aus Fach- und Führungskräften mit Karrierefokus Mittelstand
- ▶ Reichweitenstarkes Anzeigen-Netzwerk mit mehr als 100 regionalen und überregionalen Partnern
- ▶ Effizientes Employer Branding durch detaillierte Firmenprofile

EINSCHÄTZUNG
Speziell für die Regionen Berlin und Brandenburg

LAUFZEIT
30 Tage

DATEN
- ▶ Visits pro Monat: 150.000
- ▶ Page-Impressions pro Monat: ca. 1,2 Mio.
- ▶ Anzahl der Angebote: über 55.000

PREISE
- ▶ Einzelschaltung: ab 425,00 €
- ▶ Rahmenverträge: ab 6 Anzeigen – auf Anfrage

DARSTELLUNG
Web-optimiertes Standard-Layout oder CI-gerechte Darstellung in HTML

BESONDERES
Erstklassige Bewerberqualität durch mehrfach ausgezeichnete Suchtechnologie (Partnerseite von kimeta.de)

EINSCHÄTZUNG
Eine der größten Online-Jobbörsen in Nordrhein-Westfalen, Rheinland-Pfalz und Hessen

LAUFZEIT
42 Tage

DATEN
▶ Visits pro Monat: über 5 Mio. (IVW-geprüft)
▶ Page-Impressions pro Monat: über 40 Mio. (IVW-geprüft)
▶ Anzahl der Angebote: ca. 19.000

PREISE
▶ Einzelschaltung:
  Standard-Layout   690,00 €
  CI-gerechte Darstellung 890,00 €
▶ Rahmenverträge: Standard-Layout   CI-gerechte Darstellung
  3 Anzeigen   1.760,00 €   2.270,00 €
  5 Anzeigen   2.760,00 €   3.560,00 €
  10 Anzeigen   4.830,00 €   6.230,00 €
  weitere auf Anfrage

DARSTELLUNG
Standard-Layout oder CI-gerechte Darstellung in HTML

BESONDERES
▶ Bietet crossmediale Konzepte zur Optimierung der Reichweite von Stellenausschreibungen (mittels Print, Radio oder Social Media)
▶ Verlagspartner sind: Mediengruppe Rheinische Post, Zeitungsgruppe Köln, Zeitungsverlag Aachen, General-Anzeiger Bonn, W. Giradet GmbH & Co. KG, Mittelrhein-Verlag, Remscheider Medienhaus GmbH & Co. KG, B. Boll, Verlag des Solinger Tageblattes GmbH & Co. KG, Rhein-Main-Media GmbH

EINSCHÄTZUNG
Sehr gut geeignet für lokale und regionale Stellen- und Lehrstellen-Anzeigen

LAUFZEIT
30 Tage und länger

DATEN
▶ Visits pro Monat: bis zu 6,8 Mio.
▶ Page-Impressions pro Monat: bis zu 108 Mio. (IVW-geprüft)
▶ Anzahl der Angebote: ca. 310.000

PREISE
▶ Einzelschaltung:
  Premium lokal   495,00 €
  Premium maximal   790,00 €
▶ Rahmenverträge: ab 5 Anzeigen – auf Anfrage

DARSTELLUNG
HTML oder Verlinkung zur Stellenanzeige auf der Firmenwebsite

BESONDERES
▶ Lokale Stellenmärkte für alle knapp 12.000 Städte und Gemeinden Deutschlands zur zielgenauen Bewerberansprache
▶ Einer der größten deutschen Lehrstellenmärkte mit 7 Mio. Besuchen pro Jahr
▶ Job-App und Lehrstellen-App mit knapp 900.000 Downloads

Süddeutsche.de

EINSCHÄTZUNG

Hochwertiger Online-Stellenmarkt für den Großraum München und den gesamten süddeutschen Raum

LAUFZEIT

4 Wochen

DATEN

- ► Visits pro Monat: 40,5 Mio. (IVW-geprüft, Stand September 2013)
- ► Page-Impressions pro Monat: 198 Mio. (IVW-geprüft, Stand September 2013)
- ► Anzahl der Angebote: ca. 5.000

PREISE

- ► Einzelschaltung:
  - 4 Wochen   995,00 €
  - 4 Wochen Verlängerung   470,00 €
- ► Rahmenverträge:
  - 5 Anzeigen   3.500,00 €
  - 10 Anzeigen   6.250,00 €
  - Abnahme innerhalb von 12 Monaten

DARSTELLUNG

Standard-Layout oder CI-gerechte Darstellung in HTML

BESONDERES

Content-Ad-Funktion: Stellenanzeigen werden direkt auf der Artikelebene in den Ressorts Karriere, Wirtschaft und Wissen eingeblendet – und zwar immer dann, wenn sie inhaltlich zum Thema passen. Das führt zu einer erheblichen Steigerung der Reichweite und spricht auch latent suchende Bewerber an.

DER KÖNIGSTEINER 2014

PRINT-MEDIEN

DER KÖNIGSTEINER 2014

PRINT-MEDIEN

DER KÖNIGSTEINER 2014

PRINT-MEDIEN

DER KÖNIGSTEINER 2014

PRINT-MEDIEN

Frankfurter Allgemeine
ZEITUNG FÜR DEUTSCHLAND

Frankfurter Allgemeine
SONNTAGSZEITUNG

EINSCHÄTZUNG
Erste Wahl bei nationalen Ausschreibungen für Spezialisten und Führungskräfte

TERMINE
▶ Haupterscheinungstage Stellenangebote: Samstag + Sonntag
▶ Anzeigenschlusstermine:
  Dienstag, 14 Uhr (mit Korrekturabzug)
  Mittwoch, 16 Uhr (ohne Korrekturabzug)

DATEN
▶ Verkaufte Auflage (Samstag/Sonntag): 346.059/349.130 (IVW II/2013)
▶ Satzspiegel: 8 Spalten (371 mm breit) x 514 mm hoch
▶ Mindestgröße Farbanzeigen: keine

PREISE
▶ Folgende Preise gelten für die Gesamtausgabe:
  mm-Preis/Spalte   s/w 15,60 €   2c–4c 21,90 €
  Bsp.: 3-spaltig (138 mm) x 150 mm hoch   7.020,00 €   9.855,00 €
▶ Mengenrabatt auf Stellenanzeigen: wird nicht angeboten
▶ Preise voraussichtlich gültig bis 31.12.2014

ONLINE
▶ Print-Online-Kombi: 30 Tage auf FAZjob.NET und in der FAZjob.NET-App 195,00 €
▶ Online-Only: s. Rubrik „ONLINE-JOBBÖRSEN" FAZjob.NET

BESONDERES
▶ Response Multiplikator
▶ Kombination mit europäischen Tageszeitungen möglich (s. Rubrik „KOMBINATIONEN"
  Euro Executive und Euro Executive Central Europe)
▶ Stellenanzeige erscheint zusätzlich in der Tablet-App „F.A.Z./F.A.S." und in der
  FAZjob.NET-App für Smartphones

Handelsblatt

EINSCHÄTZUNG
Speziell für Positionen in Finance + Banking

TERMINE
▶ Haupterscheinungstag Stellenangebote: Freitag
▶ Anzeigenschlusstermine:
  Mittwoch, 12 Uhr (rubrizierter Teil)
  Freitag der Vorwoche, 16 Uhr (alleinplatzierte Anzeigen im redaktionellen Teil)

DATEN
▶ Verkaufte Auflage (Montag–Freitag): 124.600 (IVW II/2013)
▶ Satzspiegel: 5 Spalten (249 mm breit) x 371 mm hoch
▶ Mindestgröße Farbanzeigen: keine

PREISE
▶ Folgende Preise gelten für die Karriere am Freitag:
  mm-Preis/Spalte   s/w–4c 10,40 €
  Bsp.: 3-spaltig (148 mm) x 150 mm hoch   4.680,00 €
▶ Mengenrabatt auf Stellenanzeigen: möglich ab 6 Anzeigen
▶ Preise voraussichtlich gültig bis 31.12.2014

ONLINE
▶ Print-Online-Kombi: 4 Wochen über jobturbo.de u. a. auf handelsblatt.com
  und karriere.de inklusive
▶ Online-Only: wird nicht angeboten

BESONDERES
Plus jährliche Veröffentlichung:
2 x Handelsblatt Karriere Magazin
1 x Handelsblatt Karriere Magazin Extra Bewerberguide
1 x Handelsblatt Karriere Magazin Extra Fair Company Guide

ZEIT ✦ STELLENMÄRKTE
DIE ✦ ZEIT
ZEIT ✦ ONLINE

EINSCHÄTZUNG

Erste Wahl bei Ausschreibungen für Lehre & Forschung, öffentlicher Dienst, Soziales, Medizin und Gesundheit

---

TERMINE
- ▶ Erscheinungsweise: wöchentlich Donnerstag
- ▶ Anzeigenschlusstermine:
  Donnerstag der Vorwoche, 16 Uhr (mit Korrekturabzug)
  Dienstag, 14 Uhr (ohne Korrekturabzug)

DATEN
- ▶ Verkaufte Auflage: 507.731 (IVW II/2013)
- ▶ Satzspiegel: 8 Spalten (371 mm breit) x 528 mm hoch
- ▶ Mindestgröße Farbanzeigen: keine

PREISE
- ▶ Folgende Preise gelten für die Gesamtausgabe:

  Grundpreis
  mm-Preis/Spalte   s/w–4c 12,40 €
  Bsp.: 3-spaltig (138 mm) x 150 mm hoch   5.580,00 €

  Lehre & Forschung, öffentlicher Dienst, medizinische Einrichtungen
  mm-Preis/Spalte: s/w–4c 11,20 €
  Bsp.: 3-spaltig (138 mm) x 150 mm hoch: 5.040,00 €
- ▶ Mengenrabatt auf Stellenanzeigen: wird nicht angeboten
- ▶ Preise voraussichtlich gültig bis 30.09.2014

ONLINE
- ▶ Print-Online-Kombi: 4 Wochen als Fließtext auf zeit.de/jobs und/oder academics.de inklusive (Gestaltung auf Wunsch möglich)
- ▶ Online-Only:
  4 Wochen auf zeit.de/jobs und academics.de 1.495,00 €
  4 Wochen auf zeit.de/jobs   1.295,00 €

DIE WELT

EINSCHÄTZUNG
Management und Karriere, nationale Ausschreibungen

TERMINE
- ▶ Haupterscheinungstag Stellenangebote: Freitag
- ▶ Anzeigenschlusstermin: Mittwoch, 10 Uhr

DATEN
- ▶ Verkaufte Auflage (Montag–Freitag): 227.248 (IVW II/2013)
- ▶ Satzspiegel: 8 Spalten (374,5 mm breit) x 528 mm hoch
- ▶ Mindestgröße Farbanzeigen: 10 mm

PREISE
- ▶ Folgende Preise gelten für DIE WELT Gesamtausgabe (DIE WELT + DIE WELT Kompakt):
  mm-Preis/Spalte   s/w–4c 10,35 €
  Bsp.: 3-spaltig (139 mm) x 150 mm hoch   4.657,50 €
- ▶ Mengenrabatt auf Stellenanzeigen: inkrementelle Rabattstaffel greift ab der 6. Anzeige bzw.
  ab 25.000,00 €
- ▶ Preise voraussichtlich gültig bis 31.12.2014

ONLINE
- ▶ Print-Online-Kombi: auf Anfrage
- ▶ Online-Only: auf Anfrage

BESONDERES
- ▶ Zusätzliche Veröffentlichung in der WELT am SONNTAG Gesamt (WELT am SONNTAG +
  WELT am SONNTAG Kompakt) möglich
- ▶ Kombination mit Hamburger Abendblatt möglich (s. Rubrik „KOMBINATIONEN")

VDI nachrichten

EINSCHÄTZUNG
Speziell für technische Fach- und Führungskräfte

TERMINE
▶ Erscheinungsweise: wöchentlich Freitag
▶ Anzeigenschlusstermine:
Dienstag, 12 Uhr (mit Korrekturabzug)
Mittwoch, 14 Uhr (ohne Korrekturabzug)

DATEN
▶ Verkaufte Auflage: 155.915 (IVW II/2013)
▶ Satzspiegel: 8 Spalten (371 mm breit) x 528 mm hoch
▶ Mindestgröße Farbanzeigen: keine

PREISE
▶ Folgende Preise gelten für die Gesamtausgabe:
Grundpreis mm-Preis/Spalte   s/w–4c 14,50 €
Bsp.: 3-spaltig (138 mm) x 150 mm hoch   6.525,00 €
Lehre & Forschung mm-Preis/Spalte   s/w–4c   9,30 €
Bsp.: 3-spaltig (138 mm) x 150 mm hoch   4.185,00 €
▶ Mengenrabatt auf Stellenanzeigen: wird nicht angeboten
▶ Preise voraussichtlich gültig bis 31.12.2014

ONLINE
▶ Print-Online-Kombi: 4 Wochen auf ingenieurkarriere.de inklusive
▶ Online-Only: s. Rubrik „ONLINE-JOBBÖRSEN" ingenieurkarriere.de

 **sh:z** Schleswig-Holsteinischer
Zeitungsverlag GmbH & Co. KG

EINSCHÄTZUNG
Größter Stellenmarkt in Schleswig-Holstein und gute Wahl bei Ausschreibungen im Norden

TERMINE
► Haupterscheinungstag Stellenangebote: Samstag
► Anzeigenschlusstermin: Mittwoch, 18 Uhr

DATEN
► Verkaufte Auflage (Samstag): 259.927 (IVW II/2013)
► Satzspiegel:
BF: 6 Spalten (278 mm breit) x 430 mm hoch
RF: 7 Spalten (325 mm breit) x 480 mm
► Mindestgröße Farbanzeigen: 50 mm

PREISE
► Folgende Preise gelten für die Gesamtausgabe:

mm-Preis/Spalte	s/w 11,82 €	2c 13,59 €	4c 17,73 €
Bsp.: 3-spaltig (138 mm) x 150 mm hoch	5.319,00 €	6.115,50 €	7.978,50 €

► Mengenrabatt auf Stellenanzeigen: möglich ab 3.000 mm bzw. 6 Anzeigen
► Preise voraussichtlich gültig bis 31.12.2014

ONLINE
► Print-Online-Kombi: shz.de (für E-Abonnenten) und im Stellenmarkt der Verlagsportale
► Online-Only: auf Anfrage

BESONDERES
Kombination mit weiteren Partnerverlagen möglich (shp Schleswig-Holstein-Presse)

Kieler Nachrichten

EINSCHÄTZUNG
Stärkster Titel in der Region Kiel und Umgebung

TERMINE
▶ Haupterscheinungstag Stellenangebote: Samstag
▶ Anzeigenschlusstermin: Mittwoch, 18 Uhr

DATEN
▶ Verkaufte Auflage (Montag–Samstag): 98.763 (IVW II/2013)
▶ Satzspiegel: 6 Spalten (282 mm breit) x 430 mm hoch
▶ Mindestgröße Farbanzeigen: 100 mm

PREISE
▶ Folgende Preise gelten für die Gesamtausgabe:

	s/w	2c	4c
mm-Preis/Spalte	6,83 €	7,47 €	9,44 €
Bsp.: 3-spaltig (139,5 mm) x 150 mm hoch	3.073,50 €	3.361,50 €	4.248,00 €

▶ Mengenrabatt auf Stellenanzeigen: möglich ab 1.000 mm
▶ Preise voraussichtlich gültig bis 31.12.2014

ONLINE
▶ Print-Online-Kombi: 30 Tage auf kn-jobs.de

bis 119 mm	99,00 €
ab 120 mm	199,00 €
Fließtext	49,00 €

▶ Online-Only:

Express-Anzeige	149,00 €
Premium-Anzeige	399,00 €

BESONDERES
Kombination mit Lübecker Nachrichten möglich (Jobplus)

Hamburger Abendblatt

EINSCHÄTZUNG
Marktführer für Fach- und Führungskräfte in der Metropolregion Hamburg

TERMINE
► Haupterscheinungstag Stellenangebote: Samstag
► Anzeigenschlusstermine:
  Dienstag, 15 Uhr (mit Korrekturabzug)
  Mittwoch, 17 Uhr (ohne Korrekturabzug)

DATEN
► Verkaufte Auflage (Samstag): 224.017 (IVW II/2013)
► Satzspiegel: 8 Spalten (375 mm breit) x 528 mm hoch
► Mindestgröße Farbanzeigen: 3c/4c 100 mm

PREISE
► Folgende Preise gelten für die Hauptausgabe:
  mm-Preis/Spalte   s/w 11,80 €   2c–4c 14,75 €
  Bsp.: 3-spaltig (139 mm) x 150 mm hoch   5.310,00 €   6.637,50 €
► Mengenrabatt auf Stellenanzeigen: inkrementelle Rabattstaffel greift ab der 4. Anzeige
► Preise voraussichtlich gültig bis 31.12.2014

ONLINE
► Print-Online-Kombi: 30 Tage auf abendblatt.de/jobs 295,00 €
► Online-Only:
  Standard-Layout   390,00 €
  Individuelles Layout   590,00 €

BESONDERES
Kombination mit DIE WELT, WELT am SONNTAG und Berliner Morgenpost möglich

EINSCHÄTZUNG
Erste Wahl in Bremen (keine Alternative)

TERMINE
▶ Haupterscheinungstag Stellenangebote: Samstag
▶ Anzeigenschlusstermin: Mittwoch, 17 Uhr

DATEN
▶ Verkaufte Auflage (Montag–Samstag): 159.756 (IVW II/2013)
▶ Satzspiegel: 7 Spalten (333 mm breit) x 490 mm hoch
▶ Mindestgröße Farbanzeigen: 300 mm

PREISE
▶ Folgende Preise gelten für die Gesamtausgabe:

	s/w	2c	4c
mm-Preis/Spalte	7,77 €	8,94 €	10,49 €
Bsp.: 3-spaltig (141 mm) x 150 mm hoch	3.496,50 €	4.023,00 €	4.720,50 €

▶ Mengenrabatt auf Stellenanzeigen: möglich ab 1.000 mm
▶ Preise voraussichtlich gültig bis 31.12.2014

ONLINE
▶ Print-Online-Kombi:
  4 Wochen auf weser-kurier.de/stellen inklusive
  4 Wochen auf weser-kurier.de/stellen und jobware.de 400,00 €
▶ Online-Only:
  regional 600,00 €
  national 995,00 €

BESONDERES
▶ Kombination mit Rotenburger Kreiszeitung möglich (Bremer Anzeigenblock)
▶ Kombination Bremer Anzeigenblock mit NORDSEE-ZEITUNG möglich
  (s. Rubrik „KOMBINATIONEN" bremenplus)

ḧannoverſche Allgemeine
Neue Presse

EINSCHÄTZUNG
Größter Stellenmarkt in Niedersachsen

TERMINE
▶ Haupterscheinungstag Stellenangebote: Samstag
▶ Anzeigenschlusstermin: Mittwoch, 16 Uhr

DATEN
▶ Verkaufte Auflage (Samstag): 207.106 (IVW II/2013)
▶ Satzspiegel: 8 Spalten (370,5 mm breit) x 528 mm hoch
▶ Mindestgröße Farbanzeigen: keine

PREISE
▶ Folgende Preise gelten für die HAZ/NP-Hannover (100):

mm-Preis/Spalte	s/w 11,17 €	2c 12,54 €	3c/4c 15,36 €
Bsp.: 3-spaltig (138 mm) x 150 mm hoch	5.026,50 €	5.643,00 €	6.912,00 €

▶ Mengenrabatt auf Stellenanzeigen: möglich ab 3.000 mm bzw. 6 Anzeigen
▶ Preise voraussichtlich gültig bis 30.09.2014

ONLINE
▶ Print-Online-Kombi: 30 Tage Top-Platzierung auf HAZ-Job.de und NP-Job.de
(Ø 831.607 Seitenaufrufe pro Monat – IVW III/2013)
Fließtext-Anzeige   89,00 €
Gestaltete Anzeige 249,00 €
▶ Online-Only: Region Hannover 449,00 €

BESONDERES
Kombination mit Partnerverlagen möglich (z. B. Niedersächsisches Tageblatt, Deister- und
Weserzeitung u. a.)

EINSCHÄTZUNG

Nordwest-Zeitung/Zeitungsregion Nordwest mit 12 Regionalzeitungen in Oldenburg-Ostfriesland

TERMINE

▶ Haupterscheinungstag Stellenangebote: Samstag
▶ Anzeigenschlusstermin: Donnerstag, 11 Uhr

DATEN

▶ Verkaufte Auflage (Montag–Samstag): 280.536 (IVW II/2013)
▶ Satzspiegel: 6 Spalten (282 mm breit) x 420 mm hoch
▶ Mindestgröße Farbanzeigen: 150 mm

PREISE

▶ Folgende Preise gelten für die Totalausgabe:

	s/w	2c	3c/4c
mm-Preis/Spalte	12,63 €	14,52 €	16,92 €
Bsp.: 3-spaltig (140 mm) x 150 mm hoch	5.683,50 €	6.534,00 €	7.614,00 €

▶ Mengenrabatt auf Stellenanzeigen: möglich ab 3.000 mm bzw. 12 Anzeigen
▶ Preise voraussichtlich gültig bis 31.12.2014

ONLINE

▶ Print-Online-Kombi: NWZ-Jobs.de (+ ZN-Jobportale)
    1 Woche   30,00 €
    4 Wochen   ab 250,00 € inkl. Top-Platzierung
▶ Online-Only:
    Express   250,00 € inkl. Top-Platzierung
    Exklusiv   580,00 € inkl. Top-Platzierung

BESONDERES

Eigenständige Broschur „Beruf & Karriere" in der Nordwest-Zeitung

Unser

★★★★★-Menü

Ihre Stellenanzeige in 5 Jobportalen der reichweitenstärksten Tageszeitungen in Nordwest-Niedersachsen.

Nur mit der besten Leistung kann man die volle Wirkung erzielen!

Die Zeitungsregion Nordwest bietet Ihnen das stärkste Portfolio im regionalen Stellenmarkt – mit über 1 Mio. Seitenabrufen* allein auf **NWZ-Jobs.de**.

*1.008.350 Seitenabrufe lt. IVW I/2013

Mehr Infos:

RHEINISCHE POST

EINSCHÄTZUNG
Umfangreichster Stellenmarkt aller Tageszeitungen aus NRW

TERMINE
▶ Haupterscheinungstag Stellenangebote: Samstag
▶ Anzeigenschlusstermin: Mittwoch, 18 Uhr

DATEN
▶ Verkaufte Auflage (Montag–Samstag): 332.767 (IVW II/2013)
▶ Satzspiegel: 7 Spalten (325 mm breit) x 480 mm hoch
▶ Mindestgröße Farbanzeigen: 10 mm

PREISE
▶ Folgende Preise gelten für die Gesamtausgabe:

mm-Preis/Spalte	s/w 13,67 €	2c–4c 19,53 €
Bsp.: 3-spaltig (138 mm) x 150 mm hoch	6.151,50 €	8.788,50 €

▶ Mengenrabatt auf Stellenanzeigen: möglich ab 3.000 mm bzw. 6 Anzeigen
▶ Preise voraussichtlich gültig bis 31.12.2014

ONLINE
▶ Print-Online-Kombi: 42 Tage auf kalaydo.de
  bis 100 mm   21,75 €
  ab 101 mm   350,00 €
▶ Online-Only: s. Rubrik „ONLINE-JOBBÖRSEN" kalaydo.de

BESONDERES
Belegung von Wirtschaftsräumen und Bezirksausgaben möglich

RP Hier ist Leben drin.

Fachkräftemangel?
Wir helfen Ihnen...

Mit einer Stellenanzeige finden Sie den passenden Bewerber. Die Rheinische Post
bietet einen der umfangreichsten Stellenmärkte aller Tageszeitungen aus NRW.
Hier finden Sie ein optimales Umfeld, sowohl für Ihre Präsentation als attraktiver
Arbeitgeber, als auch für die Rekrutierung von hochqualifiziertem Personal.
Eine verkaufte Auflage von etwa 330.000 Exemplaren* macht die Rheinische Post
zur auflagenstärksten und meistgelesenen Tageszeitung in einer der attraktivsten
Regionen Deutschlands mit der Dienstleistungs- und Wirtschaftsmetropole
Düsseldorf. Mit rund 900 Tsd. Lesern** ist die Rheinische Post zudem eine der größten
Abonnementzeitungen in Deutschland.

* IVW 2/2013   ** MA 2013

Wir informieren Sie gerne:
Denise Clever, Telefon 0211 505-2863,
Fax 0211 505-1003005,
E-Mail: stellenmarkt@rheinische-post.de

ZGM Zeitungsgruppe Münsterland | **Westfälische Nachrichten & Partner**

EINSCHÄTZUNG
Erste Wahl bei Ausschreibungen im Münsterland

TERMINE
- ▶ Haupterscheinungstag Stellenangebote: Samstag
- ▶ Anzeigenschlusstermin: Donnerstag, 10.30 Uhr

DATEN
- ▶ Verkaufte Auflage (Samstag): 229.223 (IVW II/2013)
- ▶ Satzspiegel: 7 Spalten (323,9 mm breit) x 488 mm hoch
- ▶ Mindestgröße Farbanzeigen: 100 mm

PREISE
- ▶ Folgende Preise gelten für die Gesamtausgabe:

	s/w	2c	4c
mm-Preis/Spalte	11,33 €	13,60 €	15,98 €
Bsp.: 3-spaltig (137,5 mm) x 150 mm hoch	5.098,50 €	6.120,00 €	7.191,00 €

- ▶ Mengenrabatt auf Stellenanzeigen: möglich ab 3.000 mm bzw. 6 Anzeigen
- ▶ Preise voraussichtlich gültig bis 31.12.2014

ONLINE
- ▶ Print-Online-Kombi: 4 Wochen auf wn-jobs.de inklusive
- ▶ Online-Only: 4 Wochen Premium-Anzeige 799,00 €

BESONDERES
- ▶ Belegung von Teil- und Lokalausgaben möglich
- ▶ Premiumplatzierungen möglich

Mediaregion Ruhrgebiet/Westfalen

EINSCHÄTZUNG

Mediaregion Ruhrgebiet/Westfalen mit dem Schwerpunkt im Ballungsraum Dortmund/ Ruhrgebiet

TERMINE

▶ Haupterscheinungstag Stellenangebote: Samstag
▶ Anzeigenschlusstermin: Donnerstag, 17 Uhr

DATEN

▶ Verkaufte Auflage (Montag–Samstag): 454.517 (IVW II/2013)
▶ Satzspiegel: 7 Spalten (315 mm breit) x 450 mm hoch
▶ Mindestgröße Farbanzeigen: keine

PREISE

▶ Folgende Preise gelten für die Gesamtausgabe plus (S 6050):
  mm-Preis/Spalte   s/w 24,21 €   2c–4c 33,66 €
  Bsp.: 3-spaltig (133 mm) x 150 mm hoch   9.260,00 €*   12.871,00 €*
▶ Mengenrabatt auf Stellenanzeigen: möglich ab 3.000 mm bzw. 12 Anzeigen
▶ Preise voraussichtlich gültig bis 31.12.2014

* Sparpreis für Standardformat

ONLINE

▶ Print-Online-Kombi: 4 Wochen auf Stellen.RuhrNachrichten.de inklusive
▶ Online-Only:
  Einzelanzeige   ab 595,00 €
  Firmen-Flat/Monat   ab 900,00 €
  Unternehmensprofil/Monat ab 500,00 €

BESONDERES

▶ Belegung von Teilausgaben möglich
▶ Standardformate zu günstigeren Preisen
▶ Preisreduzierte Mehrfachschaltungen möglich

EINSCHÄTZUNG
Nr. 1 im Ruhrgebiet

TERMINE
► Haupterscheinungstag Stellenangebote: Samstag
► Anzeigenschlusstermin: Donnerstag, 14 Uhr

DATEN
► Verkaufte Auflage (Montag–Samstag): 679.056 (IVW II/2013)
► Satzspiegel: 7 Spalten (320 mm breit) x 445 mm hoch
► Mindestgröße Farbanzeigen: keine

PREISE
► Folgende Preise gelten für die Gesamtausgabe:
  mm-Preis/Spalte   s/w 25,16 €   2c–4c 33,34 €
  Bsp.: 3-spaltig (136 mm) x 150 mm hoch   11.322,00 €   15.003,00 €
► Mengenrabatt auf Stellenanzeigen: wird nicht angeboten
► Preise voraussichtlich gültig bis 31.12.2014

ONLINE
► Print-Online-Kombi: 4 Wochen auf nrw.stellenanzeigen.de
  ab 100 mm inklusive
  ab 300,00 € Printwert zu einem Aufpreis von 395,00 € zusätzlich auf stellenanzeigen.de
► Online-Only: s. Rubrik „ONLINE-JOBBÖRSEN" stellenanzeigen.de

BESONDERES
Belegung von Teilausgaben möglich

ZEITUNGSGRUPPE KÖLN
Kölner Stadt-Anzeiger
Kölnische Rundschau
EXPRESS

EINSCHÄTZUNG
Erste Wahl im Großraum Köln

TERMINE
▶ Haupterscheinungstag Stellenangebote: Samstag
▶ Anzeigenschlusstermin: Mittwoch, 17 Uhr

DATEN
▶ Verkaufte Auflage (Samstag): 327.159 (IVW II/2013)
▶ Satzspiegel: 6 Spalten (285 mm breit) x 430 mm hoch
▶ Mindestgröße Farbanzeigen:
  bis 599 mm pauschaler Farbzuschlag auf s/w-Preis 2.292,00 €
  ab 600 mm Farb-mm-Preis

PREISE
▶ Folgende Preise gelten für die Gesamtausgabe (Kölner Stadtanzeiger + Kölnische Rundschau):
  mm-Preis/Spalte   s/w 15,25 €   2c–4c 19,07 €
  Bsp.: 3-spaltig (141 mm) x 150 mm hoch   6.862,50 €   9.154,50 €*
▶ Mengenrabatt auf Stellenanzeigen: möglich ab 3.000 mm bzw. 6 Anzeigen
▶ Preise voraussichtlich gültig bis 31.12.2014

* s/w-Preis zzgl. Farbzuschlag

ONLINE
▶ Print-Online-Kombi: 42 Tage auf kalaydo.de
  bis 100 mm   21,75 €
  ab 101 mm   350,00 €
▶ Online-Only: s. Rubrik „ONLINE-JOBBÖRSEN" kalaydo.de

General-Anzeiger

EINSCHÄTZUNG
Stark in der Region Bonn

TERMINE
▶ Haupterscheinungstag Stellenangebote: Samstag
▶ Anzeigenschlusstermin: Donnerstag, 16 Uhr

DATEN
▶ Verkaufte Auflage (Montag–Samstag): 75.573 (IVW II/2013)
▶ Satzspiegel: 7 Spalten (325 mm breit) x 480 mm hoch
▶ Mindestgröße Farbanzeigen: 10 mm

PREISE
▶ Folgende Preise gelten für die Gesamtausgabe:
  mm–Preis/Spalte   s/w–4c   5,53 €
  Bsp.: 3-spaltig (138 mm) x 150 mm hoch   2.488,50 €
▶ Mengenrabatt auf Stellenanzeigen: möglich ab 3.000 mm bzw. 6 Anzeigen
▶ Preise voraussichtlich gültig bis 31.12.2014

ONLINE
▶ Print-Online-Kombi: 42 Tage auf kalaydo.de
  bis 100 mm   21,75 €
  ab 101 mm   350,00 €
▶ Online-Only: s. Rubrik „ONLINE-JOBBÖRSEN" kalaydo.de

WESTDEUTSCHE ZEITUNG

EINSCHÄTZUNG
Gute Wahl bei der Suche vom Niederrhein bis zum Bergischen Land

TERMINE
▶ Haupterscheinungstag Stellenangebote: Samstag
▶ Anzeigenschlusstermin: Donnerstag, 18 Uhr

DATEN
▶ Verkaufte Auflage (Montag–Samstag): 97.846 (IVW II/2013)
▶ Satzspiegel: 6 Spalten (282 mm breit) x 430 mm hoch
▶ Mindestgröße Farbanzeigen: 10 mm

PREISE
▶ Folgende Preise gelten für die Gesamtausgabe (20001 WZ):

mm-Preis/Spalte	s/w 6,52 €	2c 7,49 €	3c/4c 9,78 €
Bsp.: 3-spaltig (139,8 mm) x 150 mm hoch	2.934,00 €	3.370,50 €	4.401,00 €

▶ Mengenrabatt auf Stellenanzeigen: wird nicht angeboten
▶ Preise voraussichtlich gültig bis 31.12.2014

ONLINE
▶ Print-Online-Kombi: 42 Tage auf kalaydo.de
  bis 100 mm   21,75 €
  ab 101 mm 350,00 €
▶ Online-Only: s. Rubrik „ONLINE-JOBBÖRSEN" kalaydo.de

BESONDERES
▶ Kombination mit Partnerverlagen möglich (Remscheider General-Anzeiger, Solinger Tageblatt)
▶ Belegung von Teilausgaben möglich

RHEIN MAIN PRESSE
MAINZ · WIESBADEN

EINSCHÄTZUNG
Schwerpunktsuche im Ballungsraum Mainz/Wiesbaden/Worms

TERMINE
► Haupterscheinungstag Stellenangebote: Samstag
► Anzeigenschlusstermin: Donnerstag, 14 Uhr

DATEN
► Verkaufte Auflage (Samstag): 194.188 (IVW II/2013)
► Satzspiegel: 7 Spalten (325 mm breit) x 480 mm hoch
► Mindestgröße Farbanzeigen: keine

PREISE
► Folgende Preise gelten für die Gesamtausgabe (004):
   mm-Preis/Spalte   s/w-4c 10,82 €
   Bsp.: 3-spaltig (138 mm) x 150 mm hoch   4.869,00 €
► Mengenrabatt auf Stellenanzeigen: möglich ab 3.000 mm bzw. 6 Anzeigen
► Preise voraussichtlich gültig bis 31.12.2014

ONLINE
► Print-Online-Kombi: 28 Tage auf jobs.rhein-main-presse.de
   bis   100 mm   25,00 €
   101–300 mm   70,00 €
   ab   301 mm 175,00 €
► Online-Only:
   Express   379,00 €
   Individuell   425,00 €

BESONDERES
► Kombination mit Zeitungsgruppe Zentralhessen möglich (Rhein Main Presse *Plus*)
► Kombination mit Echo Zeitungen möglich (s. Rubrik „KOMBINATIONEN" Rhein-Main² EXTRA)
► Belegung von Teilausgaben möglich

jobs.rhein-main-presse.de

Die erste Adresse für Jobsucher in der Region

EINSCHÄTZUNG
Stark in der Region Kassel, Nordhessen und Südniedersachsen

TERMINE
▶ Haupterscheinungstag Stellenangebote: Samstag
▶ Anzeigenschlusstermin: Mittwoch, 18 Uhr

DATEN
▶ Verkaufte Auflage (Samstag): 230.574 (IVW II/2013)
▶ Satzspiegel: 6 Spalten (285 mm breit) x 430 mm hoch
▶ Mindestgröße Farbanzeigen: keine

PREISE
▶ Folgende Preise gelten für die Gesamtausgabe:
   mm-Preis/Spalte   s/w–4c 17,53 €
   Bsp.: 3-spaltig (141 mm) x 150 mm hoch   7.888,50 €
▶ Mengenrabatt auf Stellenanzeigen: möglich ab 3.000 mm bzw. 12 Anzeigen
▶ Preise voraussichtlich gültig bis 31.12.2014

ONLINE
▶ Print-Online-Kombi: 4 Wochen auf hna.stellenanzeigen.de und stellenanzeigen.de 395,00 €
▶ Online-Only:
   4 Wochen auf hna.stellenanzeigen.de 375,00 €
   4 Wochen auf stellenanzeigen.de s. Rubrik „ONLINE-JOBBÖRSEN"

BESONDERES
▶ Stellenanzeigen erscheinen freitags zusätzlich in der Resthaushaltszeitung Waldecker/
   Frankenberger Woche
▶ Belegung von Teilausgaben möglich
▶ Verschiedene Kombinationen mit der Mittelhessenpresse möglich

EINSCHÄTZUNG
Abonnement-Zeitung in Frankfurt und im Umland

TERMINE
▶ Haupterscheinungstag Stellenangebote: Samstag
▶ Anzeigenschlusstermin: Freitag, 10 Uhr

DATEN
▶ Verkaufte Auflage (Montag–Samstag): 231.478 (IVW II/2013)
▶ Satzspiegel: 5 Spalten (230 mm breit) x 370 mm hoch
▶ Mindestgröße Farbanzeigen: 50 mm

PREISE
▶ Folgende Preise gelten für den RHEINMAINMARKT (Beilage in Frankfurter Neue Presse mit Regionalausgaben, F.A.Z. Rhein-Main-Zeitung und Frankfurter Rundschau):
  mm-Preis/Spalte   s/w 9,05 €   2c–4c 11,77 €
  Bsp.: 3-spaltig (138 mm) x 150 mm hoch   4.072,50 €   5.296,50 €
▶ Mengenrabatt auf Stellenanzeigen: möglich ab 3.000 mm bzw. 6 Anzeigen
▶ Preise voraussichtlich gültig bis 31.12.2014

ONLINE
▶ Print-Online-Kombi: 42 Tage auf kalaydo.de
  bis 100 mm   21,75 €
  ab 101 mm   350,00 €
▶ Online-Only: s. Rubrik „ONLINE-JOBBÖRSEN" kalaydo.de

BESONDERES
Stellenmarkt-Resonanz-Verstärker: bei 3-maliger Schaltung innerhalb von 6 Wochen Ersparnis von 50–55 %

ImPuls der Region

EINSCHÄTZUNG
Stark in der Region Darmstadt und im südlichen Rhein-Main-Gebiet

TERMINE
▶ Haupterscheinungstag Stellenangebote: Samstag
▶ Anzeigenschlusstermin: Donnerstag, 16 Uhr

DATEN
▶ Verkaufte Auflage (Samstag): 90.025 (IVW II/2013)
▶ Satzspiegel: 7 Spalten (325 mm breit) x 480 mm hoch
▶ Mindestgröße Farbanzeigen: keine

PREISE
▶ Folgende Preise gelten für die Gesamtausgabe (Darmstädter Echo, Starkenburger Echo, Odenwälder Echo, Groß-Gerauer Echo, Rüsselsheimer Echo, Ried Echo) + Bergsträßer Anzeiger:
mm-Preis/Spalte   s/w–4c   7,92 €
Bsp.: 3-spaltig (137 mm) x 150 mm hoch   3.564,00 €
▶ Mengenrabatt auf Stellenanzeigen: möglich ab 3.000 mm bzw. 12 Anzeigen
▶ Preise voraussichtlich gültig bis 31.12.2014

ONLINE
▶ Print-Online-Kombi: 4 Wochen auf echo-online.de
bis   100 mm   25,00 €
101–300 mm   70,00 €
ab   301 mm 175,00 €
▶ Online–Only: 410,00 €

Rhein-Zeitung

EINSCHÄTZUNG

Regional stark in Koblenz und im Norden von Rheinland-Pfalz

TERMINE

▶ Haupterscheinungstag Stellenangebote: Samstag
▶ Anzeigenschlusstermin: Donnerstag, 12 Uhr

DATEN

▶ Verkaufte Auflage (Samstag): 205.132 (IVW II/2013)
▶ Satzspiegel: 7 Spalten (325 mm breit) x 480 mm hoch
▶ Mindestgröße Farbanzeigen: 15 mm

PREISE

▶ Folgende Preise gelten für die Gesamtausgabe:

	s/w	2c–4c
mm-Preis/Spalte	10,18 €	12,72 €
Bsp.: 3-spaltig (138 mm) x 150 mm hoch	4.581,00 €	5.724,00 €

▶ Mengenrabatt auf Stellenanzeigen: möglich ab 3.000 mm bzw. 6 Anzeigen
▶ Preise voraussichtlich gültig bis 31.12.2014

ONLINE

▶ Print-Online-Kombi: 42 Tage auf kalaydo.de
  bis 100 mm   21,75 €
  ab 101 mm   350,00 €
▶ Online-Only: s. Rubrik „ONLINE-JOBBÖRSEN" kalaydo.de

BESONDERES

Belegung von Ballungsräumen möglich

Trierischer Volksfreund

EINSCHÄTZUNG
Erste Wahl im Großraum Trier, Mosel, Eifel, Hunsrück und Hochwald

TERMINE
▶ Haupterscheinungstag Stellenangebote: Samstag
▶ Anzeigenschlusstermin: Mittwoch, 17 Uhr

DATEN
▶ Verkaufte Auflage (Samstag): 92.793 (IVW II/2013)
▶ Satzspiegel: 7 Spalten (326 mm breit) x 490 mm hoch
▶ Mindestgröße Farbanzeigen: keine

PREISE
▶ Folgende Preise gelten für die Gesamtausgabe:
   mm-Preis/Spalte   s/w–4c   5,26 €
   Bsp.: 3-spaltig (138 mm) x 150 mm hoch   2.367,00 €
▶ Mengenrabatt auf Stellenanzeigen: möglich ab 1.000 mm bzw. 6 Anzeigen
▶ Preise voraussichtlich gültig bis 30.09.2014

ONLINE
▶ Print-Online-Kombi: 4 Wochen auf stellenanzeigen.de 395,00 €
▶ Online-Only: s. Rubrik „ONLINE-JOBBÖRSEN" stellenanzeigen.de

EINSCHÄTZUNG
Alternativlos in Ludwigshafen und der Pfalz

TERMINE
▶ Haupterscheinungstag Stellenangebote: Samstag
▶ Anzeigenschlusstermine:
  Mittwoch, 16 Uhr (mit Korrekturabzug)
  Donnerstag, 16 Uhr (ohne Korrekturabzug)

DATEN
▶ Verkaufte Auflage (Montag–Samstag): 234.502 (IVW II/2013)
▶ Satzspiegel: 7 Spalten (320 mm breit) x 485 mm hoch
▶ Mindestgröße Farbanzeigen: keine

PREISE
▶ Folgende Preise gelten für die Gesamtausgabe:
  mm-Preis/Spalte   s/w–4c 11,77 €
  Bsp.: 3-spaltig (136 mm) x 150 mm hoch   5.296,50 €
▶ Mengenrabatt auf Stellenanzeigen: möglich ab 5.000 mm bzw. 6 Anzeigen
▶ Preise voraussichtlich gültig bis 31.12.2014

ONLINE
▶ Print-Online-Kombi: 2 Wochen auf rheinpfalz.de/job inklusive
▶ Online-Only: 28 Tage auf rheinpfalz.de/job 299,00 €

BESONDERES
Belegung von Teilausgaben möglich

Saarbrücker Zeitung

EINSCHÄTZUNG
Nr. 1 im Saarland

TERMINE
▶ Haupterscheinungstag Stellenangebote: Samstag
▶ Anzeigenschlusstermin: Donnerstag, 10 Uhr

DATEN
▶ Verkaufte Auflage (Samstag): 147.249 (IVW II/2013)
▶ Satzspiegel: 7 Spalten (326 mm breit) x 480 mm hoch
▶ Mindestgröße Farbanzeigen: keine

PREISE
▶ Folgende Preise gelten für die Gesamtausgabe:
　mm-Preis/Spalte　　　　　　　　s/w–4c　 9,21 €
　Bsp.: 3-spaltig (138 mm) x 150 mm hoch　　4.144,50 €
▶ Mengenrabatt auf Stellenanzeigen: möglich ab 900 mm bzw. 6 Anzeigen
▶ Preise voraussichtlich gültig bis 30.09.2014

ONLINE
▶ Print-Online-Kombi:
　4 Wochen auf saarbruecker-zeitung-stellenanzeigen.de inklusive
　4 Wochen auf saarbruecker-zeitung-stellenanzeigen.de und stellenanzeigen.de 395,00 €
▶ Online-Only: s. Rubrik „ONLINE-JOBBÖRSEN" stellenanzeigen.de

AUFGEWECKT IN DEN TAG

EINSCHÄTZUNG
Stark in der Region Mannheim und im Rhein-Neckar-Kreis

TERMINE
▶ Haupterscheinungstag Stellenangebote: Samstag
▶ Anzeigenschlusstermin: Donnerstag, 16 Uhr

DATEN
▶ Verkaufte Auflage (Samstag): 81.944 (IVW II/2013)
▶ Satzspiegel: 7 Spalten (320 mm breit) x 490 mm hoch
▶ Mindestgröße Farbanzeigen: keine

PREISE
▶ Folgende Preise gelten für die Ausgabe A (inkl. Südhessen Morgen, Bergsträßer Anzeiger, Starkenburger Echo und Der Sonntag):
   mm-Preis/Spalte   s/w–4c   6,04 €
   Bsp.: 3-spaltig (136 mm) x 150 mm hoch   2.718,00 €
▶ Mengenrabatt auf Stellenanzeigen: möglich ab 5.000 mm bzw. 12 Anzeigen
▶ Preise voraussichtlich gültig bis 31.12.2014

ONLINE
▶ Print-Online-Kombi: 30 Tage auf jobmorgen.de 190,00 €
▶ Online-Only: 580,00 €

BESONDERES
Kombination mit Partnerverlagen möglich (Schwetzinger Zeitung, Weinheimer Nachrichten, Rhein-Neckar-Zeitung, Fränkische Nachrichten)

RHEIN-NECKAR-ZEITUNG

EINSCHÄTZUNG
Stark in der Region Heidelberg und Umgebung

TERMINE
▶ Haupterscheinungstag Stellenangebote: Samstag
▶ Anzeigenschlusstermine:
  Mittwoch, 16 Uhr (mit Korrekturabzug)
  Donnerstag, 12 Uhr (ohne Korrekturabzug)

DATEN
▶ Verkaufte Auflage (Samstag): 96.209 (IVW II/2013)
▶ Satzspiegel: 7 Spalten (324 mm breit) x 501 mm hoch
▶ Mindestgröße Farbanzeigen: keine

PREISE
▶ Folgende Preise gelten für die Gesamtausgabe:
  mm-Preis/Spalte   s/w–4c   5,00 €
  Bsp.: 3-spaltig (138 mm) x 150 mm hoch   2.250,00 €
▶ Mengenrabatt auf Stellenanzeigen: möglich ab 5.000 mm bzw. 12 Anzeigen
▶ Preise voraussichtlich gültig bis 31.12.2014

ONLINE
▶ Print-Online-Kombi: Veröffentlichung auf rnz.de inklusive
▶ Online-Only: wird nicht angeboten

BESONDERES
Kombination mit Partnerverlagen möglich (Fränkische Nachrichten, Mannheimer Morgen, Heilbronner Stimme)

EINSCHÄTZUNG
Stark im Stadt- und Landkreis Karlsruhe

TERMINE
▶ Haupterscheinungstag Stellenangebote: Samstag
▶ Anzeigenschlusstermin: Mittwoch, 17 Uhr

DATEN
▶ Verkaufte Auflage (Montag–Samstag): 129.008 (IVW II/2013)
▶ Satzspiegel: 7 Spalten (320 mm breit) x 480 mm hoch
▶ Mindestgröße Farbanzeigen: 100 mm

PREISE
▶ Folgende Preise gelten für die Gesamtausgabe (220):

	s/w	2c	4c
mm-Preis/Spalte	5,80 €	7,25 €	8,71€
Bsp.: 3-spaltig (136 mm) x 150 mm hoch	2.610,00 €	3.262,50 €	3.919,50 €

▶ Mengenrabatt auf Stellenanzeigen: möglich ab 1.000 mm bzw. 6 Anzeigen
▶ Preise voraussichtlich gültig bis 31.12.2014

ONLINE
▶ Print-Online-Kombi: 4 Wochen auf jobs.bnn.de 450,00 € pro Position
▶ Online-Only: s. Rubrik „ONLINE-JOBBÖRSEN" stellenanzeigen.de

BESONDERES
Belegung von Teilausgaben möglich

STUTTGARTER ZEITUNG

ANZEIGENGEMEINSCHAFT

EINSCHÄTZUNG

Erste Wahl bei Ausschreibungen im Großraum Stuttgart und Baden-Württemberg

TERMINE

▶ Haupterscheinungstag Stellenangebote: Samstag
▶ Anzeigenschlusstermin: Donnerstag, 10 Uhr

DATEN

▶ Verkaufte Auflage (Samstag): 207.284 (IVW II/2013)
▶ Satzspiegel: 7 Spalten (321 mm breit) x 492 mm hoch
▶ Mindestgröße Farbanzeigen: 300 mm

PREISE

▶ Folgende Preise gelten für die Stuttgarter Zeitung + Stuttgarter Nachrichten
  (inkl. Stuttgarter Wochenende):

	s/w 11,90 €	2c 14,50 €	3c/4c 16,89 €
mm-Preis/Spalte			
Bsp.: 3-spaltig (136,6 mm) x 150 mm hoch	5.355,00 €	6.525,00 €	7.600,50 €

▶ Mengenrabatt auf Stellenanzeigen: möglich ab 1.000 mm
▶ Preise voraussichtlich gültig bis 31.12.2014

ONLINE

▶ Print-Online-Kombi: 30 Tage auf stuttgarter-zeitung.de und stuttgarter-nachrichten.de
  bis 100 mm   30,00 €
  bis 200 mm   60,00 €
  ab 201 mm   200,00 €
▶ Online-Only: 575,00 €

BESONDERES

▶ Kombination mit Partnerverlagen möglich (Kreis Böblingen, Kreis Esslingen,
  Rems-Murr-Kreis, Kreis Ludwigsburg, Enzkreis, Kreis Göppingen und Ostalbkreis)
▶ Automatische Print-Online-Kombination

Nicht in der Masse abtauchen.

Erreichen Sie 274.000 Personen mit Abitur und Hochschulabschluss in der wirtschaftsstärksten Region Baden-Württembergs.

Führender Stellenmarkt im Südwesten.

Mit den 27 Partnerzeitungen der Stuttgarter Zeitung Anzeigengemeinschaft treffen Ihre Stellenangebote auf qualifizierte Bewerber mit passgenauem Profil.

| verkaufte Auflage 451.164 Exemplare

| 154.000 Führungskräfte und Entscheider

| rund 1,2 Millionen Leser

Hier kommt Ihre Werbebotschaft gezielt an. Interessiert? Urban Roth berät Sie gerne:

Fon   0711 7205 – 1617
E-Mail   u.roth@stzw.zgs.de

STUTTGARTER ZEITUNG
ANZEIGENGEMEINSCHAFT

STUTTGARTER NACHRICHTEN

Quelle: NRW II/2013 (5-Sat.) MA EPOC MA 2013

www.stzw.de

EINSCHÄTZUNG
Stark in der Region Heilbronn-Franken und Nordwürttemberg

TERMINE
▶ Haupterscheinungstag Stellenangebote: Samstag
▶ Anzeigenschlusstermin: Donnerstag, 16 Uhr

DATEN
▶ Verkaufte Auflage (Samstag): 93.866 (IVW II/2013)
▶ Satzspiegel: 7 Spalten (327 mm breit) x 490 mm hoch
▶ Mindestgröße Farbanzeigen: keine

PREISE
▶ Folgende Preise gelten für die Gesamtausgabe:

	s/w–2c	3c/4c
mm-Preis/Spalte	5,29 €	6,28 €
Bsp.: 3-spaltig (139 mm) x 150 mm hoch	2.380,50 €	2.826,00 €

▶ Mengenrabatt auf Stellenanzeigen: möglich ab 1.000 mm
▶ Preise voraussichtlich gültig bis 30.09.2014

ONLINE
▶ Print-Online-Kombi: 4 Wochen auf jobstimme.de

bis 200 mm	81,00 €
bis 300 mm	147,00 €
ab 301 mm	229,00 €
Top-Platzierung	269,00 €

▶ Online-Only: 629,00 €

Badische ✦ Zeitung

EINSCHÄTZUNG
Stark in der Region Freiburg und Südbaden

TERMINE
- ▶ Haupterscheinungstag Stellenangebote: Samstag
- ▶ Anzeigenschlusstermin: Donnerstag, 16.30 Uhr

DATEN
- ▶ Verkaufte Auflage (Samstag): 149.503 (IVW II / 2013)
- ▶ Satzspiegel: 6 Spalten (285 mm breit) x 420 mm hoch
- ▶ Mindestgröße Farbanzeigen: keine

PREISE
- ▶ Folgende Preise gelten für die Gesamtausgabe (104):

	s/w	2c–4c
mm-Preis / Spalte	8,25 €	10,35 €
Bsp.: 3-spaltig (141 mm) x 150 mm hoch	3.712,50 €	4.657,50 €

- ▶ Mengenrabatt auf Stellenanzeigen: möglich ab 1.000 mm bzw. 6 Anzeigen
- ▶ Preise voraussichtlich gültig bis 31.12.2014

ONLINE
- ▶ Print-Online-Kombi: 4 Wochen auf badische-zeitung.de / stellen

bis 50 mm	13,00 €
bis 200 mm	26,00 €
bis 300 mm	105,00 €
ab 301 mm	219,00 €

- ▶ Online-Only: 389,00 €

BESONDERES
- ▶ Belegung von Teilausgaben möglich
- ▶ Kombination mit Partnerverlagen möglich (z. B. Gesamtausgabe + Die Oberbadische „Oberrhein Süd")

SÜDWEST PRESSE

EINSCHÄTZUNG
Von Ulm aus in 13 Landkreisen in Baden-Württemberg und Bayern

TERMINE
▶ Haupterscheinungstag Stellenangebote: Samstag
▶ Anzeigenschlusstermin: Donnerstag, 17 Uhr

DATEN
▶ Verkaufte Auflage (Montag–Samstag): 293.435 (IVW II/2013)
▶ Satzspiegel:
  BF 6 Spalten (274,08 mm breit) x 420 mm hoch
  RF 7 Spalten (320,01 mm breit) x 480 mm hoch
▶ Mindestgröße Farbanzeigen:
  2c   bis 500 mm pauschaler Farbzuschlag auf s/w Preis 1.680,00 €
          ab 501 mm Farb-mm-Preis
  3c/4c   bis 500 mm pauschaler Farbzuschlag auf s/w Preis 4.200,00 €
          ab 501 mm Farb-mm-Preis

PREISE
▶ Folgende Preise gelten für die Gesamtausgabe:
  mm-Preis/Spalte   s/w 16,79 €   2c 20,15 €   3c/4c 25,19 €
  Bsp.: 3-spaltig (136,29 mm) x 150 mm hoch   7.555,50 €   9.235,50 €*   11.755,50 €*
▶ Mengenrabatt auf Stellenanzeigen: möglich ab 1.000 mm
▶ Preise voraussichtlich gültig bis 31.12.2014

                                                    * s/w-Preis zzgl. Farbzuschlag

ONLINE
▶ Print-Online-Kombi: jobs.swp.de
  bis 200 mm   19,00 € (2 Wochen)
  ab 201 mm   139,00 € (4 Wochen)
▶ Online-Only:
  regional   ab 290,00 €
  national   ab 995,00 €

BESONDERES
▶ Belegung von Teilausgaben möglich
▶ Printanzeige nur in Kombination mit Online möglich

Schwarzwälder Bote
Die große Zeitung in Baden-Württemberg

schwarzwaelder-bote.de
Mehr Internet

EINSCHÄTZUNG
Stark in der Region Schwarzwald / Neckar / Alb

TERMINE
- ▶ Haupterscheinungstag Stellenangebote: Samstag
- ▶ Anzeigenschlusstermin: Donnerstag, 16 Uhr

DATEN
- ▶ Verkaufte Auflage (Montag–Samstag): 120.975 (IVW II / 2013)
- ▶ Satzspiegel: 6 Spalten (280 mm breit) x 435 mm hoch
- ▶ Mindestgröße Farbanzeigen: keine

PREISE
- ▶ Folgende Preise gelten für die Gesamtausgabe (inkl. Partnerverlage Lahrer Zeitung und Die Oberbadische):

	s/w	2c	4c
mm-Preis / Spalte	9,14 €	10,51 €	11,68 €
Bsp.: 3-spaltig (139 mm) x 150 mm hoch	4.113,00 €	4.729,50 €	5.256,00 €

- ▶ Mengenrabatt auf Stellenanzeigen: möglich ab 1.000 mm bzw. 12 Anzeigen
- ▶ Preise voraussichtlich gültig bis 31.12.2014

ONLINE
- ▶ Print-Online-Kombi: 30 Tage auf schwarzwaelder-bote.de / stellenmarkt auf Anfrage
- ▶ Online-Only: 575,00 €

BESONDERES
Belegung von Teilausgaben möglich

SÜDKURIER

EINSCHÄTZUNG
Die Zeitung am Bodensee, Schwarzwald und Hochrhein

TERMINE
▶ Haupterscheinungstag Stellenangebote: Samstag
▶ Anzeigenschlusstermin: Donnerstag, 10 Uhr

DATEN
▶ Verkaufte Auflage (Samstag): 134.058 (IVW II/2013)
▶ Satzspiegel: 6 Spalten (290 mm breit) x 440 mm hoch
▶ Mindestgröße Farbanzeigen: keine

PREISE
▶ Folgende Preise gelten für die Gesamtausgabe:
  mm-Preis/Spalte   s/w–4c 13,00 €
  Bsp.: 3-spaltig (143 mm) x 150 mm hoch   5.850,00 €
▶ Mengenrabatt auf Stellenanzeigen: möglich ab 1.000 mm bzw. 12 Anzeigen
▶ Preise voraussichtlich gültig bis 31.12.2014

ONLINE
▶ Print-Online-Kombi:
  4 Wochen auf jobs-im-südwesten.de
  bis   50 mm   12,00 €
  bis 300 mm   35,00 €
  ab 301 mm   59,00 €
  4 Wochen auf suedkurier.stellenanzeigen.de 395,00 €
▶ Online-Only:
  4 Wochen auf jobs-im-südwesten.de   412,00 €
  4 Wochen auf suedkurier.stellenanzeigen.de 790,00 €

BESONDERES
▶ Belegung von Teilausgaben möglich
▶ Mehrfach ausgezeichnet als eine der besten Regionalzeitungen Deutschlands

Schwäbische Zeitung

EINSCHÄTZUNG
Regional stark im Gebiet südlich von Ulm bis zum Bodensee

TERMINE
▶ Haupterscheinungstag Stellenangebote: Samstag
▶ Anzeigenschlusstermin: Donnerstag, 10 Uhr

DATEN
▶ Verkaufte Auflage (Montag–Samstag): 169.270 (IVW II/2013)
▶ Satzspiegel: 7 Spalten (320 mm breit) x 480 mm hoch
▶ Mindestgröße Farbanzeigen: keine

PREISE
▶ Folgende Preise gelten für die Gesamtausgabe:

mm-Preis/Spalte	s/w 11,05 €	2c 13,26 €	3c/4c 16,58 €
Bsp.: 3-spaltig (136,2 mm) x 150 mm hoch	4.972,50 €	5.967,00 €	7.461,00 €

▶ Mengenrabatt auf Stellenanzeigen: möglich ab 1.000 mm bzw. 12 Anzeigen
▶ Preise voraussichtlich gültig bis 31.12.2014

ONLINE
▶ Print-Online-Kombi: 30 Tage auf suedfinder.de/job inklusive
▶ Online-Only: 485,00 €

BESONDERES
▶ Anzeige erscheint zusätzlich im Südfinder am Samstag (Auflage ca. 200.380); Verteilung an alle Nichtabonnenten
▶ Belegung von Teilausgaben möglich

Main⚜Echo

EINSCHÄTZUNG
Regional stark im Großraum Aschaffenburg

TERMINE
- ▶ Haupterscheinungstag Stellenangebote: Samstag
- ▶ Anzeigenschlusstermin: Donnerstag, 17 Uhr

DATEN
- ▶ Verkaufte Auflage (Samstag): 78.278 (IVW II/2013)
- ▶ Satzspiegel: 8 Spalten (365 mm breit) x 480 mm hoch
- ▶ Mindestgröße Farbanzeigen: 100 mm

PREISE
- ▶ Folgende Preise gelten für die Gesamtausgabe:

	s/w	2c	3c/4c
mm-Preis/Spalte	4,15 €	4,98 €	5,40 €
Bsp.: 3-spaltig (136 mm) x 150 mm hoch	1.867,50 €	2.241,00 €	2.430,00 €

- ▶ Mengenrabatt auf Stellenanzeigen: möglich ab 1.000 mm bzw. 12 Anzeigen
- ▶ Preise voraussichtlich gültig bis 31.12.2014

ONLINE
- ▶ Print-Online-Kombi: 4 Wochen auf jobs.main-netz.de 199,00 €
- ▶ Online-Only: 399,00 €

BESONDERES
Belegung von Teilausgaben möglich

MAIN POST

Gut zu wissen.

EINSCHÄTZUNG
Stark in der Region Würzburg und Umgebung

TERMINE
▶ Haupterscheinungstag Stellenangebote: Samstag
▶ Anzeigenschlusstermin: Donnerstag, 13 Uhr

DATEN
▶ Verkaufte Auflage (Samstag): 151.267 (IVW II/2013)
▶ Satzspiegel: 7 Spalten (310,5 mm breit) x 466 mm hoch
▶ Mindestgröße Farbanzeigen: 20 mm

PREISE
▶ Folgende Preise gelten für die Ausgabe 50 (Würzburg + Schweinfurt + Haßfurt + Obermain):
    mm-Preis/Spalte   s/w-4c 12,22 €
    Bsp.: 3-spaltig (132 mm) x 150 mm hoch   5.499,00 €
▶ Mengenrabatt auf Stellenanzeigen: möglich ab 1.000 mm bzw. 12 Anzeigen
▶ Preise voraussichtlich gültig bis 31.12.2014

ONLINE
▶ Print-Online-Kombi:
    4 Wochen auf jobs.mainpost.de inklusive
    4 Wochen auf stellenanzeigen.de 395,00 €
▶ Online-Only: s. Rubrik „ONLINE-JOBBÖRSEN" stellenanzeigen.de

BESONDERES
Belegung von Teilausgaben möglich

EINSCHÄTZUNG

Erste Wahl bei Ausschreibungen in Nordbayern

TERMINE

- ▶ Haupterscheinungstag Stellenangebote: Samstag
- ▶ Anzeigenschlusstermin: Mittwoch, 16 Uhr

DATEN

- ▶ Verkaufte Auflage (Samstag): 297.051 (IVW II/2013)
- ▶ Satzspiegel: 6 Spalten (280 mm breit) x 430 mm hoch
- ▶ Mindestgröße Farbanzeigen: 100 mm

PREISE

- ▶ Folgende Preise gelten für die Gesamtausgabe:

	s/w	2c	4c
mm-Preis/Spalte	9,82 €	11,29 €	13,26 €
Bsp.: 3-spaltig (139 mm) x 150 mm hoch	4.419,00 €	5.080,50 €	5.967,00 €

- ▶ Mengenrabatt auf Stellenanzeigen: möglich ab 1.000 mm bzw. 12 Anzeigen
- ▶ Preise voraussichtlich gültig bis 31.12.2014

ONLINE

- ▶ Print-Online-Kombi:
  bis 28.02.2014: 1 Woche auf jobs.nordbayern.de inklusive
  ab 01.03.2014: 4 Wochen auf jobs.nordbayern.de

Anzeigen bis 50 mm	5,90 € pro Position
Anzeigen bis 100 mm	12,90 € pro Position
Anzeigen bis 500 mm	35,90 € pro Position
Anzeigen ab 501 mm	49,90 € pro Position

- ▶ Online-Only: 499,00 €

BESONDERES

Kombination mit Der Neue Tag möglich (Metropol-Stellenkombi)

Mittelbayerische
Hier lebe ich.

EINSCHÄTZUNG
Stark in der Region Regensburg und der Oberpfalz

TERMINE
▶ Haupterscheinungstag Stellenangebote: Samstag
▶ Anzeigenschlusstermine:
  Mittwoch, 16 Uhr (mit Korrekturabzug)
  Donnerstag, 10 Uhr (ohne Korrekturabzug)

DATEN
▶ Verkaufte Auflage (Samstag): 124.195 (IVW II / 2013)
▶ Satzspiegel: 6 Spalten (281 mm breit) x 430 mm hoch
▶ Mindestgröße Farbanzeigen: 10 mm

PREISE
▶ Folgende Preise gelten für die Gesamtausgabe:
  mm-Preis / Spalte   s/w 7,59 €   2c–4c 9,87 €
  Bsp.: 3-spaltig (139 mm) x 150 mm hoch   3.415,50 €   4.441,50 €
▶ Mengenrabatt auf Stellenanzeigen: möglich ab 3.000 mm
▶ Preise voraussichtlich gültig bis 31.12.2014

ONLINE
▶ Print-Online-Kombi:
  4 Wochen auf mittelbayerische-stellen.de inklusive
  4 Wochen auf stellenanzeigen.de 395,00 €
▶ Online-Only: s. Rubrik „ONLINE-JOBBÖRSEN" stellenanzeigen.de

BESONDERES
▶ Kombination mit Rundschauen möglich
▶ Kombination mit Donaukurier möglich (Donau-Stellenkombi)

Augsburger Allgemeine

Alles was uns bewegt

EINSCHÄTZUNG
Die Zeitung für die Suche in Augsburg, im Allgäu und im Regierungsbezirk Schwaben

TERMINE
▶ Haupterscheinungstag Stellenangebote: Samstag
▶ Anzeigenschlusstermin: Donnerstag, 10 Uhr

DATEN
▶ Verkaufte Auflage (Montag–Samstag): 323.447 (IVW II/2013)
▶ Satzspiegel: 7 Spalten (327 mm breit) x 480 mm hoch
▶ Mindestgröße Farbanzeigen:

2c   bis 499 mm pauschaler Farbzuschlag auf s/w Preis 1.295,00 €
      ab 500 mm Farb-mm-Preis

3c/4c bis 499 mm wird mit 500 mm zum Farb-mm-Preis berechnet
      ab 500 mm Farb-mm-Preis

PREISE
▶ Folgende Preise gelten für die Gesamtausgabe:

mm-Preis/Spalte   s/w 12,08 €   2c 14,67 €   3c/4c 18,30 €
Bsp.: 3-spaltig (139 mm) x 150 mm hoch   5.436,00 €   6.731,00 €*   9.150,00 €**

▶ Mengenrabatt auf Stellenanzeigen: möglich ab 3.000 mm bzw. 12 Anzeigen
▶ Preise voraussichtlich gültig bis 31.12.2014

* s/w-Preis zzgl. Farbzuschlag ** Preis für Mindestgröße (500 mm)

ONLINE
▶ Print-Online-Kombi: 4 Wochen auf augsburger-allgemeine.de/jobboerse inklusive
▶ Online-Only: Einzelanzeige ab 350,00 €

BESONDERES
▶ Belegung von Teilausgaben möglich
▶ Stellen-Kombination Samstag/Mittwoch buchbar, 2. Anzeige 50 % ermäßigt

Münchner Merkur

HEIMATZEITUNGEN tz

EINSCHÄTZUNG
Stellenmarkt für München und Oberbayern

TERMINE
- ▶ Haupterscheinungstag Stellenangebote: Samstag
- ▶ Anzeigenschlusstermin: Donnerstag, 12 Uhr

DATEN
- ▶ Verkaufte Auflage (Samstag): 374.642 (IVW II/2013)
- ▶ Satzspiegel: 7 Spalten (324 mm breit) x 474 mm hoch
- ▶ Mindestgröße Farbanzeigen: keine

PREISE
- ▶ Folgende Preise gelten für die Großraumausgabe Münchner Merkur/tz:

  mm-Preis/Spalte   s/w 8,85 €   2c–4c + 15 % auf s/w-Preis

  Bsp.: 3-spaltig (138 mm) x 150 mm hoch   3.982,50 €   4.579,88 €
- ▶ Mengenrabatt auf Stellenanzeigen: möglich ab 5.000 mm bzw. 12 Anzeigen
- ▶ Preise voraussichtlich gültig bis 30.09.2014

ONLINE
- ▶ Print-Online-Kombi:

  4 Wochen auf jobs.merkur-online.de 80,00 € (Festkombination mit Print)

  4 Wochen auf jobs.merkur-online.de und einmalig Print 1-spaltig, 40 mm hoch 690,00 €

  4 Wochen auf merkurtz.stellenanzeigen.de und stellenanzeigen.de 395,00 €
- ▶ Online-Only: s. Rubrik „ONLINE-JOBBÖRSEN" stellenanzeigen.de

BESONDERES
- ▶ Belegung von Teilausgaben möglich
- ▶ Belegung mit Oberbayerischen Volksblatt Rosenheim möglich (Gesamtausgabe)

Seien Sie anspruchsvoll.

Süddeutsche Zeitung

EINSCHÄTZUNG
▶ Erste Wahl bei Ausschreibungen im Großraum München
▶ Auflagenstärkste überregionale Tageszeitung
▶ Auch für nationale Ausschreibungen geeignet

TERMINE
▶ Haupterscheinungstag Stellenangebote: Samstag
▶ Anzeigenschlusstermine:
  Mittwoch, 12 Uhr (mit Korrekturabzug)
  Donnerstag, 11 Uhr (ohne Korrekturabzug)

DATEN
▶ Verkaufte Auflage (Samstag): 495.201 (IVW II/2013)
▶ Satzspiegel: 8 Spalten (371 mm breit) x 528 mm hoch
▶ Mindestgröße Farbanzeigen: keine

PREISE
▶ Folgende Preise gelten für die Gesamtausgabe:

	s/w	2c–4c
mm-Preis/Spalte	14,20 €	19,75 €
Bsp.: 3-spaltig (138 mm) x 150 mm hoch	6.390,00 €	8.887,50 €

▶ Mengenrabatt auf Stellenanzeigen: möglich ab 10.000 mm
▶ Preise voraussichtlich gültig bis 30.09.2014

ONLINE
▶ Print-Online-Kombi: 4 Wochen auf sz-stellenmarkt.de
  bis 399 mm   200,00 €
  ab 400 mm   375,00 €
▶ Online-Only: 995,00 €

Berliner Morgenpost
DAS IST BERLIN

EINSCHÄTZUNG
Berlins größter Stellenmarkt

TERMINE
▶ Haupterscheinungstage Stellenangebote: Sonntag + Sonntag
▶ Anzeigenschlusstermine:
  Donnerstag, 16 Uhr (mit Korrekturabzug)
  Freitag, 11 Uhr (ohne Korrekturabzug)

DATEN
▶ Verkaufte Auflage (Samstag/Sonntag): 121.776 (IVW II/2013)
▶ Satzspiegel: 5 Spalten (247,8 mm breit) x 370 mm hoch
▶ Mindestgröße Farbanzeigen: 10 mm

PREISE
▶ Folgende Preise gelten für die Gesamtausgabe:
  mm-Preis/Spalte   s/w–4c 12,30 €
  Bsp.: 3-spaltig (139 mm) x 150 mm hoch   5.535,00 €
▶ Mengenrabatt auf Stellenanzeigen: inkrementelle Rabattstaffel greift ab 10.000 € bzw.
  ab der 5. Anzeige
▶ Preise voraussichtlich gültig bis 31.12.2014

ONLINE
▶ Print-Online-Kombi: auf Anfrage
▶ Online-Only:
  HTML-Standard-Layout   280,00 €
  HTML-Individual-Layout   380,00 €

BESONDERES
▶ Anzeige erscheint an zwei aufeinanderfolgenden Sonntagen
▶ Zusätzliche Verteilung des Stellenmarktes ab Dienstag an ausgewählten Orten Berlins
▶ Crossmediale Ausschreibungsmöglichkeiten mit innovativen Video-Paketen

Berliner Morgenpost ist, wenn man bei 76 % Marktanteil[1] garantiert die richtigen Bewerber findet.

DER TAGESSPIEGEL

EINSCHÄTZUNG
Die hervorragende Wahl in Berlin für die Besetzung von Führungspositionen / Positionen mit qualifizierter Ausbildung

TERMINE
▶ Haupterscheinungstage Stellenangebote: Samstag / Sonntag + Sonntag
▶ Anzeigenschlusstermin: Donnerstag, 16 Uhr

DATEN
▶ Verkaufte Auflage (Samstag / Sonntag + Samstag): 127.026 (IVW II / 2013)
▶ Satzspiegel: 8 Spalten (370,5 mm breit) x 528 mm hoch
▶ Mindestgröße Farbanzeigen: 10 mm

PREISE
▶ Folgende Preise gelten für die Gesamtausgabe (inkl. Potsdamer Neueste Nachrichten):
  Grundpreis mm-Preis / Spalte   s/w–4c   7,75 €
  Bsp.: 3-spaltig (138 mm) x 150 mm hoch   3.487,50 €
  Hochschulen, Öffentlicher Dienst, gemeinnützige Einrichtungen mm-Preis / Spalte:
                     s/w–4c   7,25 €
  Bsp.: 3-spaltig (138 mm) x 150 mm hoch: 3.262,50 €
▶ Mengenrabatt auf Stellenanzeigen: möglich ab 1.000 mm bzw. 6 Anzeigen
▶ Preise voraussichtlich gültig bis 31.12.2014

ONLINE
▶ Print-Online-Kombi:
  4 Wochen auf tagesspiegel.de   99,95 €
  4 Wochen auf stellenanzeigen.de   495,00 €
▶ Online-Only: 4 Wochen auf tagesspiegel.de und stellenanzeigen.de 889,95 €

BESONDERES
▶ Anzeige erscheint an zwei aufeinanderfolgenden Sonntagen im Tagesspiegel und am Samstag in den Potsdamer Neuesten Nachrichten (PNN)
▶ Printanzeige nur in Kombination mit Online möglich

Berliner ✠ Zeitung
BERLINS GRÖSSTE ABONNEMENT-ZEITUNG

EINSCHÄTZUNG
Größte Abonnement-Zeitung in Berlin

TERMINE
▶ Haupterscheinungstage Stellenangebote: Samstag + Samstag
▶ Anzeigenschlusstermin: Donnerstag, 12 Uhr

DATEN
▶ Verkaufte Auflage (Samstag): 142.195 (IVW II/2013)
▶ Satzspiegel: 7 Spalten (327 mm breit) x 485 mm hoch
▶ Mindestgröße Farbanzeigen: 50 mm

PREISE
▶ Folgende Preise gelten für die Berliner Zeitung PLUS (inkl. Oranienburger Generalanzeiger):
  mm-Preis/Spalte   s/w–4c 11,90 €
  Bsp.: 3-spaltig (139 mm) x 150 mm hoch   5.355,00 €
▶ Mengenrabatt auf Stellenanzeigen: möglich ab 1.000 mm bzw. 6 Anzeigen
▶ Preise voraussichtlich gültig bis 31.12.2014

ONLINE
▶ Print-Online-Kombi: 30 Tage auf berliner-jobmarkt.de
  Standard-Layout   175,00 €
  HTML-Umwandlung   285,00 €
▶ Online-Only: auf Anfrage

BESONDERES
▶ Anzeige erscheint an zwei aufeinanderfolgenden Samstagen
▶ Zielgruppenorientierte JobSpeziale mit redaktioneller Begleitung
▶ Standardformate zu günstigeren Preisen

Uckermark Kurier   Usedom Kurier

EINSCHÄTZUNG
Stark in der Region Mecklenburg-Vorpommern

TERMINE
▶ Haupterscheinungstag Stellenangebote: Samstag
▶ Anzeigenschlusstermin: Donnerstag, 10 Uhr

DATEN
▶ Verkaufte Auflage (Montag–Samstag): 85.474 (IVW II/2013)
▶ Satzspiegel: 6 Spalten (277 mm breit) x 439 mm hoch
▶ Mindestgröße Farbanzeigen: 15 mm

PREISE
▶ Folgende Preise gelten für die Gesamtausgabe:
  mm-Preis/Spalte   s/w   6,58 €   2c–4c 8,88 €
  Bsp.: 3-spaltig (138 mm) x 150 mm hoch   2.961,00 €   3.996,00 €
▶ Mengenrabatt auf Stellenanzeigen: möglich ab 1.000 mm bzw. 6 Anzeigen
▶ Preise voraussichtlich gültig bis 31.12.2014

ONLINE
▶ Print-Online-Kombi: 4 Wochen auf nordclick.de inklusive
▶ Online-Only: wird nicht angeboten

BESONDERES
Belegung von Teilausgaben möglich

medienhaus:**nord**
Zeitungsverlag Schwerin GmbH & Co. KG

EINSCHÄTZUNG
Stark in den Regionen Mecklenburg-Vorpommern und Brandenburg

TERMINE
- ▶ Haupterscheinungstag Stellenangebote: Samstag
- ▶ Anzeigenschlusstermin: Donnerstag, 10 Uhr

DATEN
- ▶ Verkaufte Auflage (Samstag): 96.326 (IVW II/2013)
- ▶ Satzspiegel:
  bis 31.03.2014   7 Spalten (325 mm breit) x 480 mm hoch
  ab 2. Quartal 2014   6 Spalten (278 mm breit) x 430 mm hoch
- ▶ Mindestgröße Farbanzeigen: keine

PREISE
- ▶ Folgende Preise gelten für die Gesamtausgabe:
  mm-Preis/Spalte   s/w 6,66 €   2c–4c 8,66 €
  Bsp.: 3-spaltig (138 mm) x 150 mm hoch   2.997,00 €   3.897,00 €
- ▶ Mengenrabatt auf Stellenanzeigen: möglich ab 3.000 mm bzw. 6 Anzeigen
- ▶ Preise voraussichtlich gültig bis 31.12.2014

ONLINE
- ▶ Print-Online-Kombi: 4 Wochen auf nordclick.de inklusive
- ▶ Online-Only: wird nicht angeboten

Volksstimme
Muss man hier haben

EINSCHÄTZUNG
Erste Wahl in der Region Magdeburg und im nördlichen Sachsen-Anhalt

TERMINE
▶ Haupterscheinungstag Stellenangebote: Samstag
▶ Anzeigenschlusstermin: Donnerstag, 10 Uhr

DATEN
▶ Verkaufte Auflage (Montag–Samstag): 186.103 (IVW II/2013)
▶ Satzspiegel: 7 Spalten (327 mm breit) x 480 mm hoch
▶ Mindestgröße Farbanzeigen: keine

PREISE
▶ Folgende Preise gelten für die Gesamtausgabe:
  mm-Preis/Spalte   s/w 12,08 €   2c–4c 15,71 €
  Bsp.: 3-spaltig (139 mm) x 150 mm hoch   5.436,00 €   7.069,50 €
▶ Mengenrabatt auf Stellenanzeigen: möglich ab 3.000 mm bzw. 6 Anzeigen
▶ Preise voraussichtlich gültig bis 31.12.2014

ONLINE
▶ Print-Online-Kombi: gegen Aufpreis nach mm
▶ Online-Only: auf Anfrage

BESONDERES
▶ Anzeige erscheint zusätzlich in Volksstimme Extra Hauptausgabe
▶ Belegung von weiteren Teilausgaben möglich
▶ Stellenmarkt-Doppel: 40 % Wiederholungsrabatt auf 2. Anzeige bei Schaltung innerhalb einer Woche (Mi/Sa oder Sa/Mi)

Märkische ✺ Allgemeine

EINSCHÄTZUNG
Abonnement-Zeitung im Berliner Umland und Brandenburg

TERMINE
▶ Haupterscheinungstag Stellenangebote: Samstag
▶ Anzeigenschlusstermin: Donnerstag, 15 Uhr

DATEN
▶ Verkaufte Auflage (Montag–Samstag): 130.028 (IVW II/2013)
▶ Satzspiegel: 7 Spalten (324 mm breit) x 479 mm hoch
▶ Mindestgröße Farbanzeigen: 100 mm

PREISE
▶ Folgende Preise gelten für die Gesamtausgabe:

	s/w	2c	4c
mm-Preis/Spalte	9,25 €	11,10 €	12,95 €
Bsp.: 3-spaltig (138 mm) x 150 mm hoch	4.162,50 €	4.995,00 €	5.827,50 €

▶ Mengenrabatt auf Stellenanzeigen: möglich ab 1.000 mm bzw. 6 Anzeigen
▶ Preise voraussichtlich gültig bis 30.09.2014

ONLINE
▶ Print-Online-Kombi: 30 Tage auf MAZjobs.de 199,00 €
▶ Online-Only: 359,00 €

BESONDERES
Belegung von Teilausgaben möglich

Märkische Oderzeitung

EINSCHÄTZUNG
Regional stark im östlichen Brandenburg einschließlich Frankfurt/Oder

TERMINE
▶ Haupterscheinungstag Stellenangebote: Samstag
▶ Anzeigenschlusstermin: Donnerstag, 15 Uhr

DATEN
▶ Verkaufte Auflage (Montag–Samstag): 81.979 (IVW II/2013)
▶ Satzspiegel: 7 Spalten (327 mm breit) x 485 mm hoch
▶ Mindestgröße Farbanzeigen:
  2c   200 mm
  3c/4c 500 mm

PREISE
▶ Folgende Preise gelten für die Gesamtausgabe:

mm-Preis/Spalte	s/w	2c	4c
	5,60 €	7,00 €	8,12 €
Bsp.: 3-spaltig (138 mm) x 150 mm hoch	2.520,00 €	3.150,00 €	4.060,00 €*

▶ Mengenrabatt auf Stellenanzeigen: möglich ab 3.000 mm bzw. 6 Anzeigen
▶ Preise voraussichtlich gültig bis 31.12.2013

* Preis für Mindestgröße (500 mm)

ONLINE
▶ Print-Online-Kombi: wird nicht angeboten
▶ Online-Only: wird nicht angeboten

BESONDERES
Belegung von Teilausgaben möglich

– Preise für 2014 waren bis Redaktionsschluss nicht verfügbar –

Mitteldeutsche Zeitung

www.mz-web.de

EINSCHÄTZUNG
Stark in der Region Halle und im südlichen Sachsen-Anhalt

TERMINE
- ▶ Haupterscheinungstag Stellenangebote: Samstag
- ▶ Anzeigenschlusstermin: Donnerstag, 16 Uhr

DATEN
- ▶ Verkaufte Auflage (Montag–Samstag): 196.366 (IVW II/2013)
- ▶ Satzspiegel: 7 Spalten (327 mm breit) x 484 mm hoch
- ▶ Mindestgröße Farbanzeigen: keine

PREISE
- ▶ Folgende Preise gelten für die Gesamtausgabe:

	s/w	2c	3c/4c
mm-Preis/Spalte	12,61 €	15,76 €	16,57 €
Bsp.: 3-spaltig (139 mm) x 150 mm hoch	5.674,50 €	7.092,00 €	7.456,50 €

- ▶ Mengenrabatt auf Stellenanzeigen: möglich ab 3.000 mm bzw. 6 Anzeigen
- ▶ Preise voraussichtlich gültig bis 31.12.2014

ONLINE
- ▶ Print-Online-Kombi: 30 Tage auf mz-jobs.de inklusive
- ▶ Online-Only: Premiumanzeige im Firmendesign 690,00 €

BESONDERES
- ▶ Kombination mit Naumburger Tageblatt möglich
- ▶ Belegung von Regionalausgaben möglich
- ▶ Stellenanzeigen erscheinen zusätzlich montags in der Resthaushaltszeitung MZ-Marktplatz

EINSCHÄTZUNG
Erste Wahl bei Ausschreibungen in Thüringen

TERMINE
▶ Haupterscheinungstag Stellenangebote: Samstag
▶ Anzeigenschlusstermine:
  Mittwoch, 14 Uhr (mit Korrekturabzug)
  Donnerstag, 15 Uhr (ohne Korrekturabzug)

DATEN
▶ Verkaufte Auflage (Montag–Samstag): 281.952 (IVW II/2013)
▶ Satzspiegel: 7 Spalten (326 mm breit) x 480 mm hoch
▶ Mindestgröße Farbanzeigen: 50 mm

PREISE
▶ Folgende Preise gelten für die Gesamtausgabe (W 15):
  mm-Preis/Spalte   s/w 11,81 €   2c–4c 15,35 €
  Bsp.: 3-spaltig (138 mm) x 150 mm hoch   5.314,50 €   6.907,50 €
▶ Mengenrabatt auf Stellenanzeigen: nur bei Ortsausgaben möglich
▶ Preise voraussichtlich gültig bis 31.12.2014

ONLINE
▶ Print-Online-Kombi:
  Paket-Standard   4 Wochen auf ta-jobs.de + otz-jobs.de + tlz-jobs.de inklusive
  Paket-Premium   4 Wochen auf ta-jobs.de + otz-jobs.de + tlz-jobs.de + stellenanzeigen.de
                    395,00 €
▶ Online-Only:
  Online-Standard   4 Wochen auf ta-jobs.de + otz-jobs.de + tlz-jobs.de 490,00 €
  Online-Premium   4 Wochen auf ta-jobs.de + otz-jobs.de + tlz-jobs.de + stellenanzeigen.de
                    790,00 €

BESONDERES
▶ Belegung von Teilausgaben möglich
▶ Unveränderte Doppelschaltung innerhalb von 4 Wochen: 50 % Rabatt auf 2. Anzeige
▶ Studentenzeitung „Lemma" an allen 14 Thüringer Hochschulen (EW 4 x jährlich)

PRINT-MEDIEN

Sächsische Zeitung

EINSCHÄTZUNG

Erste Wahl bei Ausschreibungen im Großraum Dresden und Ostsachsen

TERMINE

▶ Haupterscheinungstag Stellenangebote: Samstag
▶ Anzeigenschlusstermine:
   Mittwoch, 12 Uhr (mit Korrekturabzug)
   Donnerstag, 13 Uhr (ohne Korrekturabzug)

DATEN

▶ Verkaufte Auflage (Montag–Samstag): 244.884 (IVW II/2013)
▶ Satzspiegel: 7 Spalten (327 mm breit) x 485 mm hoch
▶ Mindestgröße Farbanzeigen: 100 mm

PREISE

▶ Folgende Preise gelten für die Gesamtausgabe:
   mm-Preis/Spalte   s/w 12,53 €   2c–4c 17,49 €
   Bsp.: 3-spaltig (139 mm) x 150 mm hoch   5.638,50 €   7.870,50 €
▶ Mengenrabatt auf Stellenanzeigen: möglich ab 3.000 mm bzw. 6 Anzeigen
▶ Preise voraussichtlich gültig bis 31.12.2014

ONLINE

▶ Print-Online-Kombi: 4 Wochen auf sz-jobs.de und stellenanzeigen.de 465,00 €
▶ Online-Only: s. Rubrik „ONLINE-JOBBÖRSEN" stellenanzeigen.de

BESONDERES

Belegung von Teilausgaben möglich

LEIPZIGER VOLKSZEITUNG

EINSCHÄTZUNG
Erste Wahl bei Ausschreibungen im Großraum Leipzig und Westsachsen

TERMINE
▶ Haupterscheinungstag Stellenangebote: Samstag
▶ Anzeigenschlusstermin: Mittwoch, 17 Uhr

DATEN
▶ Verkaufte Auflage (Montag–Samstag): 203.287 (IVW II/2013)
▶ Satzspiegel: 8 Spalten (371 mm breit) x 528 mm hoch
▶ Mindestgröße Farbanzeigen: keine

PREISE
▶ Folgende Preise gelten für die Gesamtausgabe:

	s/w	2c	4c
mm-Preis/Spalte	13,24 €	15,90 €	19,42 €
Bsp.: 3-spaltig (137 mm) x 150 mm hoch	5.958,00 €	7.155,00 €	8.739,00 €

▶ Mengenrabatt auf Stellenanzeigen: möglich ab 3.000 mm bzw. 6 Anzeigen
▶ Preise voraussichtlich gültig bis 31.12.2014

ONLINE
▶ Print-Online-Kombi: 4 Wochen auf lvz-job.de
   Fließtextanzeige   69,00 €
   gestaltete Anzeige 189,00 €
▶ Online-Only: 4 Wochen auf lvz-job.de 799,00 €

BESONDERES
▶ Anzeige erscheint zusätzlich im LVZ-Marktplatz am Donnerstag
▶ Belegung von Teilausgaben möglich
▶ Stellenmarkt-Doppel: 40 % Wiederholungsrabatt auf 2. Termin bei Schaltung der gleichen gestalteten Anzeige innerhalb einer Woche (Mi/Sa oder Sa/Mi)
▶ Platzierungszusagen möglich (25 % Aufschlag)

FreiePresse
SACHSENS GRÖSSTE ZEITUNG

EINSCHÄTZUNG
Stark in der Region Chemnitz und Südwestsachsen

TERMINE
▶ Haupterscheinungstag Stellenangebote: Samstag
▶ Anzeigenschlusstermin: Mittwoch, 16 Uhr

DATEN
▶ Verkaufte Auflage (Montag–Samstag): 261.126 (IVW II/2013)
▶ Satzspiegel: 7 Spalten (314 mm breit) x 474 mm hoch
▶ Mindestgröße Farbanzeigen: keine

PREISE
▶ Folgende Preise gelten für die Gesamtausgabe (600):
  mm-Preis/Spalte   s/w-4c 18,60 €
  Bsp.: 3-spaltig (133 mm) x 150 mm hoch   8.370,00 €
▶ Mengenrabatt auf Stellenanzeigen: möglich ab 3.000 mm bzw. 6 Anzeigen
▶ Preise voraussichtlich gültig bis 31.12.2014

ONLINE
▶ Print-Online-Kombi:
  2 Wochen auf freiepresse.de/jobs   120,00 €
  4 Wochen auf freiepresse.de/jobs   176,00 €
  2 Wochen auf freiepresse.de/jobs und jobware.de 250,00 €
▶ Online-Only:
  4 Wochen auf freiepresse.de/jobs 550,00 €
  4 Wochen auf jobware.de s. Rubrik „ONLINE-JOBBÖRSEN"

BESONDERES
Belegung von Regionalausgaben möglich

bremenplus

EINSCHÄTZUNG
Erste Wahl im Bundesland Bremen (inkl. Bremerhaven)

TERMINE
▶ Haupterscheinungstag Stellenangebote: Samstag
▶ Anzeigenschlusstermin: Mittwoch, 17 Uhr

DATEN
▶ Verkaufte Auflage (Montag–Samstag): 228.046 (IVW II/2013)
▶ Satzspiegel:
  Bremer Anzeigenblock   7 Spalten (333 mm breit) x 490 mm hoch
  NORDSEE-ZEITUNG   7 Spalten (324 mm breit) x 487 mm hoch
▶ Mindestgröße Farbanzeigen: 300 mm

PREISE
▶ Folgende Preise gelten für bremenplus (Bremer Anzeigenblock + NORDSEE-ZEITUNG):
  mm-Preis/Spalte   s/w 11,11 €   2c 12,77 €   4c 15,00 €
  Bsp.: 3-spaltig (141 mm) x 150 mm hoch   4.999,50 €   5.746,50 €   6.750,00 €
▶ Mengenrabatt auf Stellenanzeigen: möglich ab 1.000 mm
▶ Preise voraussichtlich gültig bis 31.12.2014

ONLINE
▶ Print-Online-Kombi: auf Anfrage
▶ Online-Only: auf Anfrage

BESONDERES
Belegung von Regionalausgaben möglich

BAYERN STELLEN KOMBI

EINSCHÄTZUNG
Wenn es mehr als der Großraum München sein soll

TERMINE
► Haupterscheinungstag Stellenangebote: Samstag
► Anzeigenschlusstermin: Donnerstag, 11 Uhr

DATEN
► Verkaufte Auflage Samstag: 910.733 (IVW II/2013)
► Satzspiegel:
Süddeutsche Zeitung	8 Spalten (371 mm breit) x 528 mm hoch
Augsburger Allgemeine	7 Spalten (327 mm breit) x 480 mm hoch
Donaukurier	6 Spalten (282 mm breit) x 435 mm hoch
► Mindestgröße Farbanzeigen: keine

PREISE
► Folgende Preise gelten für Bayern Stellen Kombi:
	s/w	2c–4c
mm-Preis/Spalte	20,40 €	29,00 €
Bsp.: 3-spaltig (138 mm) x 150 mm hoch	9.180,00 €	13.050,00 €
► Mengenrabatt auf Stellenanzeigen: wird nicht angeboten
► Preise voraussichtlich gültig bis 31.12.2014

ONLINE
► Print-Online-Kombi:
4 Wochen auf sz.de/stellenmarkt bis 399 mm   200,00 €
4 Wochen auf sz.de/stellenmarkt ab 400 mm   375,00 €
4 Wochen auf augsburger-allgemeine.de inklusive
► Online-Only: 4 Wochen auf sz.de/stellenmarkt 995,00 €

Hamburger Abendblatt DIE·WELT

EINSCHÄTZUNG
Hamburg mit zusätzlicher überregionaler Reichweite

TERMINE
- ▶ Haupterscheinungstage Stellenangebote: Freitag + Samstag
- ▶ Anzeigenschlusstermin: Mittwoch, 10 Uhr

DATEN
- ▶ Verkaufte Auflage:
  - Hamburger Abendblatt (Samstag)   224.017 (IVW II/2013)
  - DIE WELT (Montag–Freitag)   227.248 (IVW II/2013)
- ▶ Satzspiegel:
  - Hamburger Abendblatt 8 Spalten (375 mm breit) x 528 mm hoch
  - DIE WELT   8 Spalten (374,5 mm breit) x 528 mm hoch
- ▶ Mindestgröße Farbanzeigen: 100 mm

PREISE
- ▶ Folgende Preise gelten für Hamburger Abendblatt + DIE WELT Gesamt
  (DIE WELT + DIE WELT Kompakt):
  - mm-Preis/Spalte   s/w 17,80 €   2c–4c 20,75 €
  - Bsp.: 3-spaltig (138 mm) x 150 mm hoch   8.010,00 €   9.337,50 €
- ▶ Mengenrabatt auf Stellenanzeigen: inkrementelle Rabattstaffel greift ab der 4. Anzeige
- ▶ Preise voraussichtlich gültig bis 31.12.2014

ONLINE
- ▶ Print-Online-Kombi: auf Anfrage
- ▶ Online-Only: auf Anfrage

BESONDERES
Kombination mit der WELT am SONNTAG Gesamt (WELT am SONNTAG + WELT am SONNTAG Kompakt) möglich

RHEIN MAIN PRESSE
MAINZ · WIESBADEN

ImPuls der Region

EINSCHÄTZUNG
Sinnvoller Zusammenschluss von Rhein Main Presse und Echo Zeitungen

---

TERMINE
- ▶ Haupterscheinungstag Stellenangebote: Samstag
- ▶ Anzeigenschlusstermin: Donnerstag, 14 Uhr

DATEN
- ▶ Verkaufte Auflage (Samstag): 300.581 (IVW II/2013)
- ▶ Satzspiegel: 7 Spalten (325 mm breit) x 480 mm hoch
- ▶ Mindestgröße Farbanzeigen: keine

PREISE
- ▶ Folgende Preise gelten für Rhein-Main^2 EXTRA:
  mm-Preis/Spalte   s/w-4c 14,99 €
  Bsp.: 3-spaltig (138 mm) x 150 mm hoch   6.745,50 €
- ▶ Mengenrabatt auf Stellenanzeigen: auf Anfrage
- ▶ Preise voraussichtlich gültig bis 31.12.2014

ONLINE
- ▶ Print-Online-Kombi: 28 Tage auf jobs.rhein-main-presse.de und jobs.echo-online.de
  bis   100 mm   25,00 €
  101–300 mm   70,00 €
  ab   301 mm 175,00 €
- ▶ Online-Only: auf Anfrage

EINSCHÄTZUNG
Komplettabdeckung Raum Rhein-Neckar

TERMINE
▶ Haupterscheinungstag Stellenangebote: Samstag
▶ Anzeigenschlusstermine:
  Dienstag, 16 Uhr (mit Korrekturabzug)
  Donnerstag, 16 Uhr (ohne Korrekturabzug)

DATEN
▶ Verkaufte Auflage (Samstag): 245.799 (IVW II/2013)
▶ Satzspiegel: 7 Spalten (320 mm breit) x 490 mm hoch
▶ Mindestgröße Farbanzeigen: keine

PREISE
▶ Folgende Preise gelten für Mannheimer Morgen, Südhessen Morgen, Bergsträßer Anzeiger, Schwetzinger Zeitung, Weinheimer Nachrichten, Rhein-Neckar-Zeitung, Eberbacher Zeitung und Fränkische Nachrichten (ZRN):
  mm-Preis/Spalte   s/w-4c 14,56 €
  Bsp.: 3-spaltig (136 mm) x 150 mm hoch   6.552,00 €
▶ Mengenrabatt auf Stellenanzeigen: möglich ab 5.000 mm bzw. 12 Anzeigen
▶ Preise voraussichtlich gültig bis 31.12.2014

ONLINE
▶ Print-Online-Kombi: 30 Tage auf jobmorgen.de 190,00 €
▶ Online-Only: 580,00 €

EINSCHÄTZUNG
Günstige Kombination für europaweite Ausschreibungen

TERMINE
▶ Haupterscheinungstage Stellenangebote:

F.A.Z./F.A.S.	Samstag + Sonntag
Le Figaro	Montag
Daily Telegraph	Donnerstag

▶ Anzeigenschlusstermine:

F.A.Z./F.A.S.	Mittwoch, 16 Uhr
Le Figaro	Freitag, 12 Uhr
Daily Telegraph	Montag, 16 Uhr

DATEN
Auflagen:

F.A.Z./F.A.S.	695.189
Le Figaro	325.367
Daily Telegraph	558.817

PREISE
▶ Folgende Preise gelten für Euro Executive (Kombipreis):

F.A.Z./F.A.S.	184 x 130 mm		
Le Figaro	110 x 214 mm	s/w 15.440,00 €	2c-4c 17.940,00 €
Daily Telegraph	168 x 130 mm		

▶ Mengenrabatt auf Stellenanzeigen: wird nicht angeboten
▶ Preise voraussichtlich gültig bis 31.12.2014

ONLINE
▶ Print-Online-Kombi: 30 Tage auf FAZjob.NET, lefigaro.fr, cadremploi.fr, cadresonline.fr, keljob.com und telegraph.co.uk inklusive
▶ Online-Only: wird nicht angeboten

Frankfurter Allgemeine
ZEITUNG FÜR DEUTSCHLAND

Frankfurter Allgemeine
SONNTAGSZEITUNG

EINSCHÄTZUNG
Günstige Kombination für europaweite Ausschreibungen

TERMINE
▶ Haupterscheinungstage Stellenangebote:

F.A.Z./F.A.S.	Samstag + Sonntag
Gazeta Wyborcza	Montag
Mladá Fronta DNES	Donnerstag
SME	Dienstag

▶ Anzeigenschlusstermine:

F.A.Z./F.A.S.	Mittwoch, 16 Uhr
Gazeta Wyborcza	Donnerstag, 16 Uhr
Mladá Fronta DNES	Dienstag, 12 Uhr
SME	Dienstag, 12 Uhr

DATEN
Auflagen:

F.A.Z./F.A.S.	695.189
Gazeta Wyborcza	345.136
Mladá Fronta DNES	195.000
SME	44.000

PREISE
▶ Folgende Preise gelten für Euro Executive Central Europe (Kombipreis):

F.A.Z./F.A.S.	184 x 128 mm		
Gazeta Wyborcza	97,6 x 179,4 mm	s/w 13.500,00 €	2c-4c 18.500,00 €
Mladá Fronta DNES	141 x 109 mm		
SME	258 x 84 mm		

▶ Mengenrabatt auf Stellenanzeigen: wird nicht angeboten
▶ Preise voraussichtlich gültig bis 31.12.2014

ONLINE
▶ Print-Online-Kombi: 30 Tage auf FAZjob.NET, jobdnes.cz, gazetapraca.pl und praca.sme.sk inklusive
▶ Online-Only: wird nicht angeboten

Allgemeine Hotel- und
Gastronomie-Zeitung

jobsterne
Die meisten Jobs aus Hotellerie & Gastronomie

EINSCHÄTZUNG
Erste Wahl bei allen (!) Ausschreibungen im Hotel-/Gastronomiebereich

TERMINE
▶ Erscheinungsweise: wöchentlich Samstag
▶ Anzeigenschlusstermin: Dienstag, 18 Uhr

DATEN
▶ Verkaufte Auflage: 10.702 (IVW II/2013)
▶ Satzspiegel: 282 mm breit x 426 mm hoch
▶ Mindestgröße Farbanzeigen: 1/32 Seite

PREISE
▶ Preisbeispiel:
   1/8 Seite hoch (92 x 161 mm)

s/w–4c
1.050,00 €

▶ Mengenrabatt auf Stellenanzeigen: möglich auf Anfrage
▶ Preise voraussichtlich gültig bis 31.12.2014

ONLINE
▶ Print-Online-Kombi: 4 Wochen auf jobsterne.de und auf über 100 Partnerseiten inklusive
▶ Online-Only: 215,00 € (inkl. einmalige tabellarische Veröffentlichung in der Printausgabe)

BESONDERES
▶ Personalimageanzeigen im redaktionellen Umfeld der AHGZ möglich
▶ 15 % Wiederholungsrabatt auf die 2. gleichbleibende Anzeige
▶ Branchen-Karrieretag auf der INTERNORGA sowie Teilnahme an zahlreichen Azubi-Messen regional und bundesweit

Beschaffung
aktuell

EINSCHÄTZUNG
Führende Fachzeitschrift im Bereich Supply Management und Beschaffung

TERMINE
- ▶ Erscheinungsweise: monatlich, Anfang des Monats
- ▶ Anzeigenschlusstermin: ca. 3 Wochen vor Erscheinen

DATEN
- ▶ Verkaufte Auflage: 10.605 (IVW II/2013)
- ▶ Satzspiegel: 4 Spalten (188 mm breit) x 270 mm hoch
- ▶ Mindestgröße Farbanzeigen: keine

PREISE
- ▶ Preisbeispiel:

	s/w	4c
1/4 Seite hoch (92 x 133 mm)	1.425,00 €	2.715,00 €

- ▶ Mengenrabatt auf Stellenanzeigen: wird nicht angeboten
- ▶ Preise voraussichtlich gültig bis 30.09.2014

ONLINE
- ▶ Print-Online-Kombi: 6 Wochen auf beschaffung-aktuell.de 200,00 €
- ▶ Online-Only: 890,00 €

BESONDERES
Anzeigenschaltung auch nach mm-Abrechnung möglich (mm-Preis s/w 5,20 €)

EINSCHÄTZUNG

Gut geeignet für Positionen im Bereich Client/Server, Netzwerke, Datenbank-Administration und IT-Führungskräfte

TERMINE

▶ Erscheinungsweise: 14-täglich Montag
▶ Anzeigenschlusstermin: ca. 3 Wochen vor Erscheinen

DATEN

▶ Verkaufte Auflage: 288.5255 (IVW II/2013)
▶ Satzspiegel: 185 mm breit x 260 mm hoch
▶ Mindestgröße Farbanzeigen: 1/4 Seite

PREISE

▶ Preisbeispiel:
	s/w	4c
1/4 Seite hoch (90 x 128 mm)	1.750,00 €	2.389,00 €

▶ Mengenrabatt auf Stellenanzeigen: möglich ab 3 Anzeigen
▶ Preise voraussichtlich gültig bis 31.12.2014

ONLINE

▶ Print-Online-Kombi: auf Anfrage
▶ Online-Only: s. Rubrik „ONLINE-JOBBÖRSEN" heisejobs.de

BESONDERES

Anzeigenschaltung nur seitenanteilig möglich

IT-Personal clever finden!

c't-Stellenmarkt

TOP-Leserprofil

545.000 sind zwischen 20 und 49 Jahren alt

292.000 haben ein abgeschlossenes (Fach-) Hochschulstudium

450.000 sind erfahrene Fortgeschrittene oder Profis im Bereich
Computer und Computertechnik

Quelle: ACTA 2013

Wie viele Leser in welchen Positionen man über c't
erreichen kann, warum der c't-Stellenmarkt so
interessant für Sie ist und über welches Medium
man die meisten IT-Profis rekrutieren kann ...
... erfahren Sie in unserer Broschüre:
IT-Profis clever finden!

Fordern Sie die Broschüre per E-Mail an:
erh@heise.de

oder downloaden unter:
www.heise.de/mediadaten/ct/Stellenmarkt-1849259.html

ÄRZTESTELLEN

DIE ERSTE ADRESSE. IM DEUTSCHEN ÄRZTEBLATT UND ONLINE.

EINSCHÄTZUNG
Erste Wahl bei allen (!) Ausschreibungen für Ärzte (auch für alle Fachärzte)

TERMINE
- ▶ Erscheinungsweise: wöchentlich Freitag
- ▶ Anzeigenschlusstermine:
  14 Tage vor Erscheinen (mit Korrekturabzug)
  Mittwoch der Vorwoche, 10 Uhr (ohne Korrekturabzug)

DATEN
- ▶ Verkaufte Auflage Deutsches Ärzteblatt: 423.773 (IVW II/2013)
- ▶ Satzspiegel: 4 Spalten (186 mm breit) x 260 mm hoch
- ▶ Mindestgröße Farbanzeigen: 50 mm

PREISE
- ▶ Preisbeispiel: s/w–4c
  1/4 Seite hoch (92 x 128 mm)   3.123,20 €
- ▶ Mengenrabatt auf Stellenanzeigen: wird nicht angeboten
- ▶ Preise voraussichtlich gültig bis 31.12.2014

ONLINE
- ▶ Print-Online-Kombi: 6 Wochen auf aerztestellen.de inklusive
- ▶ Online-Only: wird nicht angeboten

BESONDERES
- ▶ Anzeigenschaltung auch nach mm-Abrechnung möglich (mm-Preis 12,20 €)
- ▶ Nur 1-, 2- und 4-spaltige Anzeigen möglich

DIE ERSTE WAHL FÜR STELLENSUCHENDE MEDIZINER.

Sprechen Sie jetzt einfach, schnell und zielgenau alle Fachkräfte an, die Sie erreichen möchten. Mit über 370.000 Print-Lesern und mehr als einer Million Zugriffen auf aerztestellen.de ist ÄRZTESTELLEN, der Stellenmarkt des Deutschen Ärzteblattes, die Nr. 1 für jeden Mediziner.

DER BETRIEB

EINSCHÄTZUNG
Bestens geeignet für Ausschreibungen im Bereich Steuer-, Wirtschafts- und Arbeitsrecht

TERMINE
▶ Erscheinungsweise: wöchentlich Freitag
▶ Anzeigenschlusstermin: Donnerstag der Vorwoche, 16 Uhr

DATEN
▶ Verkaufte Auflage: 13.211 (IVW II/2013)
▶ Satzspiegel: 4 Spalten (189 mm breit) x 263 mm hoch
▶ Mindestgröße Farbanzeigen: keine

PREISE
▶ Preisbeispiel:

	s/w	2c–4c
	3,40 €	4,70 €
2-spaltig (92 mm) x 130 mm hoch	884,00 €	1.222,00 €

▶ Mengenrabatt auf Stellenanzeigen: möglich ab 3 Anzeigen bzw. 1 Seite
▶ Preise voraussichtlich gültig bis 31.12.2014

ONLINE
▶ Print-Online-Kombi: 4 Wochen auf der-betrieb.de/stellenmarkt inklusive
▶ Online-Only: auf Anfrage

BESONDERES
Anzeige erscheint in DER BETRIEB 4 Wochen online, 2 Wochen im Newsletter und in der Suchmaschine Jobturbo

EINSCHÄTZUNG
Erste Wahl bei Ausschreibungen im Bereich Pflegeberufe

TERMINE
- ▶ Erscheinungsweise: monatlich, Anfang des Monats
- ▶ Anzeigenschlusstermin: ca. 15. des Vormonats

DATEN
- ▶ Verkaufte Auflage: 45.005 (IVW II/2013)
- ▶ Satzspiegel: 187 mm breit x 272 mm hoch
- ▶ Mindestgröße Farbanzeigen: keine

PREISE
- ▶ Preisbeispiel:

	s/w	2c–4c
1/4 Seite hoch (91 x 133 mm)	1.190,00 €	1.500,00 €

- ▶ Mengenrabatt auf Stellenanzeigen: möglich ab 3 Anzeigen bzw. 2 Seiten
- ▶ Preise voraussichtlich gültig bis 31.12.2014

ONLINE
- ▶ Print-Online-Kombi: 30 Tage auf station24.de, jobboerse-gesundheitswirtschaft.de und jobboerse-arbeitsagentur.de inklusive
- ▶ Online-Only: wird nicht angeboten

BESONDERES
Anzeigenschaltung nur seitenanteilig möglich

EINSCHÄTZUNG
Stark bei Ausschreibungen im Bereich Tax

TERMINE
- ▶ Erscheinungsweise: wöchentlich Freitag
- ▶ Anzeigenschlusstermin: ca. 8 Tage vor Erscheinen

DATEN
- ▶ Verkaufte Auflage: 23.414 (IVW II/2013)
- ▶ Satzspiegel: 4 Spalten (186 mm breit) x 260 mm hoch
- ▶ Mindestgröße Farbanzeigen: 250 mm

PREISE
- ▶ Preisbeispiel:

	s/w	2c–4c
1/4 Seite hoch (90 x 127 mm)	585,00 €	1.015,00 €

- ▶ Mengenrabatt auf Stellenanzeigen: möglich ab 6 Anzeigen bzw. 2 Seiten
- ▶ Preise voraussichtlich gültig bis 31.12.2014

ONLINE
- ▶ Print-Online-Kombi: 1 bis 6 Wochen auf beck-stellenmarkt.de inklusive (Laufzeit abhängig von Print-Anzeigengröße)
- ▶ Online-Only: auf Anfrage

BESONDERES
Anzeigenschaltung auch nach mm-Abrechnung möglich (mm-Preis s/w 3,10 €)

EINSCHÄTZUNG
Traditionsreicher Stellenmarkt für Hochschulpositionen

TERMINE
- ▶ Erscheinungsweise: 14-täglich
- ▶ Anzeigenschlusstermin: ca. 9 Tage vor Erscheinen

DATEN
- ▶ Verbreitete Auflage: 3.900
- ▶ Satzspiegel: 2 Spalten (187 mm breit) x 262 mm hoch
- ▶ Mindestgröße Farbanzeigen: keine

PREISE
- ▶ Preisbeispiel: s/w-4c
  1/4 Seite hoch (91 x 130 mm)   650,00 €
- ▶ Mengenrabatt auf Stellenanzeigen: möglich ab 3 Anzeigen
- ▶ Preise voraussichtlich gültig bis 31.12.2014

ONLINE
- ▶ Print-Online-Kombi: bis Ende der Bewerbungsfrist auf duz-wissenschaftskarriere.de inklusive
- ▶ Online-Only: 520,00 €

BESONDERES
- ▶ Anzeigenschaltung auch nach mm-Abrechnung möglich (mm-Preis s/w-4c 5,10 €)
- ▶ Kostenlose Wiederholung in der nächsten Ausgabe
- ▶ Als Premium-Anzeige in Kooperation mit Jobware

EINSCHÄTZUNG
Erste Wahl für Stellenangebote im Bereich Touristik und Business Travel

TERMINE
▶ Erscheinungsweise: 14-täglich Freitag
▶ Anzeigenschlusstermin: Freitag der Vorwoche, 12 Uhr

DATEN
▶ Verkaufte Auflage: 28.535 (IVW II/2013)
▶ Satzspiegel: 199 mm breit x 259 mm hoch
▶ Mindestgröße Farbanzeigen: 1/16 Seite

PREISE
▶ Preisbeispiel: s/w–4c
   1/4 Seite hoch (90 x 127 mm)   1.400,00 €
▶ Mengenrabatt auf Stellenanzeigen: möglich bei Kombinations- oder Wiederholungsschaltung
▶ Preise voraussichtlich gültig bis 31.12.2014

ONLINE
▶ Print-Online-Kombi: 4 Wochen auf stellenmarkt.fvw.de inklusive
▶ Online-Only: auf Anfrage

IMMOBILIEN ZEITUNG
FACHZEITUNG FÜR DIE IMMOBILIENWIRTSCHAFT

EINSCHÄTZUNG
Führendes Fachmedium in der Immobilienwirtschaft mit Stellenmarkt

TERMINE
- ▶ Erscheinungsweise: wöchentlich Donnerstag
- ▶ Anzeigenschlusstermin: Freitag der Vorwoche

DATEN
- ▶ Verkaufte Auflage: 9.334 (IVW II/2013)
- ▶ Satzspiegel: 7 Spalten (325 mm breit) x 480 mm hoch
- ▶ Mindestgröße Farbanzeigen: bis 299 mm pauschaler Farbzuschlag auf s/w-Preis
  80,00 € pro Zusatzfarbe

PREISE
- ▶ Preisbeispiel: s/w 2,90 €   2c 3,20 €   3c/4c 3,55 €
  2-spaltig (90 mm), 150 mm hoch   870,00 €   960,00 €   1.065,00 €
- ▶ Mengenrabatt auf Stellenanzeigen: möglich ab 3 Anzeigen
- ▶ Preise voraussichtlich gültig bis 31.12.2014

ONLINE
- ▶ Print-Online-Kombi: 4 Wochen auf iz-jobs.de inklusive
- ▶ Online-Only: 810,00 €

JUV≡

EINSCHÄTZUNG
Stark bei Ausschreibungen im Bereich Recht

TERMINE
▶ Erscheinungsweise: monatlich, Ende des Vormonats
▶ Anzeigenschlusstermin: ca. 2,5 Wochen vor Erscheinen

DATEN
▶ Abonnenten: ca. 14.900
▶ Satzspiegel: 3 Spalten (187 mm breit) x 241 mm hoch
▶ Mindestgröße Farbanzeigen: keine

PREISE
▶ Preisbeispiel: s/w–4c
  1/2 Seite quer (187 x 120 mm)   2.625,00 €
▶ Mengenrabatt auf Stellenanzeigen: möglich auf Anfrage
▶ Preise voraussichtlich gültig bis 31.12.2014

ONLINE
▶ Print-Online-Kombi: 4 Wochen auf juve.de inklusive
▶ Online-Only: 1.490,00 €

GDCh
Nachrichten
aus der Chemie

EINSCHÄTZUNG
Erste Wahl bei der Suche nach Chemikern/Chemie-Ingenieuren

TERMINE
▶ Erscheinungsweise: 11 x jährlich, Doppelausgabe Juli/August
▶ Anzeigenschlusstermin: ca. Mitte des Vormonats

DATEN
▶ Verbreitete Auflage: 30.630
▶ Satzspiegel: 4 Spalten (185 mm breit) x 260 mm hoch
▶ Mindestgröße Farbanzeigen: keine

PREISE
▶ Preisbeispiel:

1/4 Seite hoch (90 x 130 mm)	s/w	2c	4c
Grundpreis	1.450,00 €	1.850,00 €	2.650,00 €
Hochschulen	1.210,00 €	1.610,00 €	2.410,00 €

▶ Mengenrabatt auf Stellenanzeigen: möglich auf Anfrage
▶ Preise voraussichtlich gültig bis 31.12.2014

ONLINE
▶ Print-Online-Kombi: 4 Wochen auf gdch.de/stellen inklusive
▶ Online-Only:

Standard-Layout	379,00 €
PDF	545,00 €
HTML	585,00 €

BESONDERES
Anzeigenschaltung auch nach mm-Abrechnung möglich (mm-Grundpreis s/w 6,19 €, mm-Preis für Hochschulen s/w 5,33 €)

neue energie
das magazin für erneuerbare energien

EINSCHÄTZUNG
Erste Wahl für alle Positionen im Bereich Erneuerbare Energien

TERMINE
▶ Erscheinungsweise: monatlich, Anfang des Monats
▶ Anzeigenschlusstermin: ca. 3–4 Wochen vor Erscheinen

DATEN
▶ Verkaufte Auflage: 20.047 (IVW II/2013)
▶ Satzspiegel: 182 mm breit x 240 mm hoch
▶ Mindestgröße Farbanzeigen: keine

PREISE
▶ Preisbeispiel:

	s/w	2c	4c
1/4 Seite hoch (89 x 124 mm)	350,00 €	465,00 €	695,00 €

▶ Mengenrabatt auf Stellenanzeigen: möglich ab 4 Anzeigen bzw. 2 Seiten
▶ Preise voraussichtlich gültig bis 31.12.2014

ONLINE
▶ Print-Online-Kombi: 6 Wochen auf neueenergie.net 85,00 €
▶ Online-Only: 385,00 €

BESONDERES
Anzeigenschaltung nur seitenanteilig möglich

NJW
Neue Juristische
Wochenschrift

EINSCHÄTZUNG
Erste Wahl bei allen (!) Positionen für Juristen

TERMINE
▶ Erscheinungsweise: wöchentlich Donnerstag
▶ Anzeigenschlusstermin: ca. 8 Tage vor Erscheinen

DATEN
▶ Verkaufte Auflage: 33.624 (IVW II/2013)
▶ Satzspiegel: 4 Spalten (186 mm breit) x 260 mm hoch
▶ Mindestgröße Farbanzeigen: 250 mm

PREISE
▶ Preisbeispiel:

	s/w	2c–4c
1/4 Seite hoch (90 x 127 mm)	1.275,00 €	1.770,00 €

▶ Mengenrabatt auf Stellenanzeigen: möglich ab 6 Anzeigen bzw. 2 Seiten
▶ Preise voraussichtlich gültig bis 31.12.2014

ONLINE
▶ Print-Online-Kombi: 1 bis 6 Wochen auf beck-stellenmarkt.de inklusive (Laufzeit abhängig von Print-Anzeigengröße)
▶ Online-Only: auf Anfrage

BESONDERES
Anzeigenschaltung auch nach mm-Abrechnung möglich (mm-Preis s/w 5,15 €)

EINSCHÄTZUNG

Führende Fachzeitschrift für Steuer- und Wirtschaftsrecht mit dem größten Stellenmarkt für Steuer- und Bilanzexperten

TERMINE

▶ Erscheinungsweise: wöchentlich Montag
▶ Anzeigenschlusstermin: 12 Tage vor Erscheinen

DATEN

▶ Verkaufte Auflage: 28.669 (IVW II/2013)
▶ Satzspiegel: 2 Spalten (148 mm breit) x 205 mm hoch
▶ Mindestgröße Farbanzeigen: keine

PREISE

	s/w	2c	4c
▶ Preisbeispiel:			
1/1 Seite hoch (148 x 205 mm)	3.895,00 €	4.674,00 €	6.232,00 €

▶ Mengenrabatt auf Stellenanzeigen: möglich ab 3 Anzeigen bzw. 2 Seiten
▶ Preise voraussichtlich gültig bis 31.03.2014

ONLINE

▶ Print-Online-Kombi: 6 Wochen auf nwb-jobboerse.de inklusive
▶ Online-Only: 975,00 €

BESONDERES

Anzeigenschaltung auch nach mm-Abrechnung möglich (mm-Preis s/w 9,50 €)

Personalwirtschaft

EINSCHÄTZUNG
Ganz speziell für Ausschreibungen im Bereich Personalwesen und Personalmarketing

TERMINE
- ▶ Erscheinungsweise: monatlich, ca. Ende des Vormonats
- ▶ Anzeigenschlusstermin: ca. 4 Wochen vor Erscheinen

DATEN
- ▶ Verkaufte Auflage: 4.275
- ▶ Satzspiegel: 175 mm breit x 244 mm hoch
- ▶ Mindestgröße Farbanzeigen: 1/8 Seite

PREISE

	s/w	2c	4c
▶ Preisbeispiel:			
1/4 Seite 2-sp. (99 x 129 mm)	1.090,00 €	1.290,00 €	1.690,00 €

- ▶ Mengenrabatt auf Stellenanzeigen: auf Anfrage
- ▶ Preise voraussichtlich gültig bis 31.12.2014

ONLINE
- ▶ Print-Online-Kombi: 6 Wochen auf personalwirtschaft.de inklusive
- ▶ Online-Only:

Basic	590,00 €
Silber	730,00 €
Gold	990,00 €
Praktikum	290,00 €

BESONDERES
Sinnvolle Erweiterung der Reichweite durch Anzeigenschaltung über W&V Job-Network

pharmind®
die pharmazeutische industrie

EINSCHÄTZUNG
Das Medium für die Suche von Pharmaspezialisten (Herstellung, Kontrolle, F&E)

TERMINE
▶ Erscheinungsweise: monatlich, Ende des Monats
▶ Anzeigenschlusstermin: Mitte des Monats

DATEN
▶ Verkaufte Auflage: 3.385
▶ Satzspiegel: 4 Spalten (187 mm breit) x 270 mm hoch
▶ Mindestgröße Farbanzeigen: keine

PREISE
▶ Preisbeispiel:

	s/w	2c	3c/4c
1/4 Seite hoch (92 x 133 mm)	575,00 €	825,00 €	1.275,00 €

▶ Mengenrabatt auf Stellenanzeigen: möglich ab 3 Anzeigen
▶ Preise voraussichtlich gültig bis 31.12.2014

ONLINE
▶ Print-Online-Kombi: 8 Wochen auf pharmind.de
  ab 1/2 Seite inklusive
  kleinere Formate 450,00 €
▶ Online-Only: 600,00 €

BESONDERES
Anzeigenschaltung auch nach mm-Abrechnung möglich (mm-Preis s/w 2,08 €)

TextilWirtschaft
NEWS | FASHION | BUSINESS

EINSCHÄTZUNG
Erste Wahl für Positionen in der Textil- und Bekleidungsbranche

TERMINE
- ▶ Erscheinungsweise: wöchentlich Donnerstag
- ▶ Anzeigenschlusstermin: Mittwoch der Vorwoche, 12 Uhr

DATEN
- ▶ Verkaufte Auflage: 20.035 (IVW II / 2013)
- ▶ Satzspiegel: 4 Spalten (208 mm breit) x 270 mm hoch
- ▶ Mindestgröße Farbanzeigen: keine

PREISE
- ▶ Preisbeispiel: s/w–4c
  1/4 Seite hoch (102 x 134 mm)   1.470,00 €
- ▶ Mengenrabatt auf Stellenanzeigen: wird nicht angeboten
- ▶ Preise voraussichtlich gültig bis 31.12.2014

ONLINE
- ▶ Print-Online-Kombi: 4 Wochen auf TextilWirtschaft.de / jobs 320,00 €
- ▶ Online-Only: 890,00 €

BESONDERES
- ▶ Anzeigenschaltung auch nach mm-Abrechnung möglich (mm-Preis s/w–4c 6,15 €)
- ▶ Seitenanteilige Anzeigen zu günstigeren Festpreisen

 **STELLENMARKT**

EINSCHÄTZUNG
Beste Adresse für Ausschreibungen im Bereich Marketing, Werbung, Kreation und Vertrieb

TERMINE
▶ Erscheinungsweise: wöchentlich Montag
▶ Anzeigenschlusstermin: ca. 1 Woche vor Erscheinen

DATEN
▶ Verkaufte Auflage: 31.617 (IVW II/2013)
▶ Satzspiegel: 202 mm breit x 262 mm hoch
▶ Mindestgröße Farbanzeigen: 1/8 Seite

PREISE

▶ Preisbeispiel:	s/w	2c	4c
1/4 Seite 2-sp. (99 x 129 mm)	1.690,00 €	1.970,00 €	2.610,00 €

▶ Mengenrabatt auf Stellenanzeigen: auf Anfrage
▶ Preise voraussichtlich gültig bis 31.12.2014

ONLINE
▶ Print-Online-Kombi: 6 Wochen auf personalwirtschaft.de inklusive
▶ Online-Only:

Basic	590,00 €
Silber	790,00 €
Gold	1.090,00 €
Praktikum	290,00 €

BESONDERES
▶ Bei Online-Only Link auf Anzeige zusätzlich in Newslettern, W&V Mobile App und auf der Facebook Fanpage
▶ Über Premium-Option „Top-Job" Möglichkeit der Priorisierung einer Stellenanzeige Online (dauerhafte Platzierung an oberster Stelle, inkl. Firmenlogo)
▶ Joblink aufmerksamkeitsstark gestalten mit Logo und QR-Code im Fachmagazin der Kommunikationsbranche W&V
▶ Sinnvolle Erweiterung der Reichweite durch Anzeigenschaltung über W&V Job-Network

Das Richtige zu finden kann so einfach sein!

Mit dem W&V Job-Network finden Sie den Richtigen:
Den richtigen Job oder den richtigen Mitarbeiter.
Vertrauen Sie auf die Stellenmärkte des W&V Job-Networks:

Für weitere Informationen: stellenangebote@wuv.de, Tel.: 0 89/ 21 83 - 70 49

www.wuv.de/jobnetwork

nature

EINSCHÄTZUNG
Das internationale Wissenschaftsjournal mit großem Stellenteil für Naturwissenschaftler

TERMINE
▶ Erscheinungsweise: wöchentlich Donnerstag
▶ Anzeigenschlusstermin: Freitag der Vorwoche, 15 Uhr

DATEN
▶ Verkaufte Auflage: 50.618 (BPA, Juni 2013)
▶ Satzspiegel: 4 Spalten (186 mm breit) x 260 mm hoch
▶ Mindestgröße Farbanzeigen: 2-spaltig, 50 mm hoch
   Farbzuschlag 2c   675,00 €
   Farbzuschlag 4c 1.855,00 €

PREISE
▶ Preisbeispiel: s/w 13,00 €   2c   4c
   2-spaltig (92 mm), 130 mm hoch   3.380,00 €   4.055,00 €*   5.235,00 €*
▶ Mengenrabatt auf Stellenanzeigen: möglich auf Anfrage
▶ Preise voraussichtlich gültig bis 31.12.2014

* s/w-Preis zzgl. Farbzuschlag

ONLINE
▶ Print-Online-Kombi: Fließtextanzeige für 8 Wochen auf naturejobs.com, spektrum.de und scientificamerican.com inklusive
▶ Online-Only: diverse Optionen auf Anfrage

BESONDERES
Weitere Magazine: Nature Biotechnology, Nature Climate Change, Nature Genetics, Nature Immunology, Nature Medicine, Nature Physics, Scientific American, Spektrum der Wissenschaft u. a.

EINSCHÄTZUNG

Weltweit größte Wissenschaftspublikation für die internationale Ausschreibung von Naturwissenschaftlern

TERMINE

- ▶ Erscheinungsweise: wöchentlich Freitag
- ▶ Anzeigenschlusstermin:
  garantierter Anzeigenplatz bis 17 Tage vor Erscheinen
  ja nach Verfügbarkeit Anzeigenplatzierung bis 7 Tage vor Erscheinen möglich

DATEN

- ▶ Verkaufte Auflage: 129.551 (BPA, Dezember 2012)
- ▶ Satzspiegel: 177 mm breit x 254 mm hoch
- ▶ Mindestgröße Farbanzeigen: 1/6 Seite
  Farbzuschlag pro Prozessfarbe   555,00 €
  Farbzuschlag 4c   1.400,00 €

PREISE

	s/w	2c	4c
▶ Preisbeispiel:			
2/3 Seite hoch (115 x 254 mm)	6.916,00 €	7.471,00 €*	8.316,00 €*

- ▶ Mengenrabatt auf Stellenanzeigen: möglich auf Anfrage
- ▶ Preise voraussichtlich gültig bis 31.12.2014

s/w-Preis zzgl. Farbzuschlag

ONLINE

- ▶ Print-Online-Kombi: 8 Wochen auf ScienceCareers.org inklusive
- ▶ Online-Only: 475,00 US$

BESONDERES

Weitere Magazine: Science Signaling, Science Translational Medicine

EINSCHÄTZUNG

▶ Vielgelesenes Hochschulmagazin in Deutschland, Österreich und der Schweiz
▶ Basis für Recruitinganzeigen in den Spezialmagazinen (Belegungseinheiten) für alle
  Fachbereiche (s. u.)

TERMINE

▶ Erscheinungsweise: 9 x jährlich
▶ Anzeigenschlusstermin: ca. 4 Wochen vor Erscheinen

DATEN

▶ Verbreitete Auflage: 400.160 (IVW II/2013)
▶ Satzspiegel: 192 mm breit x 255 mm hoch

PREISE

▶ Preisbeispiel 1/1 Seite 4c: 18.860,00 €
▶ Mengenrabatt auf Stellenanzeigen: möglich ab 3 Anzeigen bzw. 3 Seiten
▶ Preise voraussichtlich gültig bis 31.12.2014

ONLINE

▶ Print-Online-Kombi: Crossmediale Preisstaffel
▶ Online-Only: Ausschreibung aller Vakanzen ab 48,00 €/Monat (nach Firmengröße)

BESONDERES

▶ Interessante Spezialmagazine für Absolventenrecruiting: audimax ING, audimax I.T,
  audimax JUR.A, audimax Na.Wi, audimax Wi.Wi
▶ Bei Buchung in audimax Die Hochschulzeitschrift ist die Veröffentlichung in den jeweils
  aktuell erscheinenden Spezialmagazinen inbegriffen
▶ Tablet Versionen für iOS, Android und Kindle

Karrierezeitschrift für Studenten und Absolventen der Wirtschaftswissenschaften
Vertrieb nur an wirtschaftswissenschaftlichen Fachbereichen und als E-Paper und als Tablet-Version

- 4 x jährlich; **verbreitete Auflage (IVW 2/2013): 52.350**
- **Preisbeispiel 1/1 Seite 4c:** € 6.224,00

Karrierezeitschrift für Studenten und Absolventen der Rechtswissenschaften
Vertrieb nur an rechtswissenschaftlichen Fachbereichen und als E-Paper und als Tablet-Version

- 2 x jährlich; **verbreitete Auflage (IVW 2/2013): 21.340**
- **Preisbeispiel 1/1 Seite 4c:** € 3.595,00

Karrierezeitschrift für Studenten und Absolventen der Informatik
Vertrieb nur an den Informatik-Fachbereichen und als E-Paper und Tablet-Version

- 3 x jährlich; **verbreitete Auflage (IVW 2/2013): 30.520**
- **Preisbeispiel 1/1 Seite 4c:** € 4.994,00

Karrierezeitschrift für Studenten und Absolventen der Naturwissenschaften
Vertrieb nur an naturwissenschaftlichen Fachbereichen und als E-Paper und als Tablet-Version

- 2 x jährlich; **verbreitete Auflage (IVW 2/2013): 52.350**
- **Preisbeispiel 1/1 Seite 4c:** € 6.224,00

Karrierezeitschrift für Studenten und Absolventen der Ingenieurwissenschaften
Vertrieb nur an ingenieurwissenschaftlichen Fachbereichen, über Fachverbände und als E-Paper und als Tablet-Version

- 4 x jährlich; **verbreitete Auflage: (IVW 2/2013): 60.120**
- **Preisbeispiel 1/1 Seite 4c:** € 6.561,00

Das audimax CAREER-CENTER
ist die Stellenbörse speziell für Akademiker mit ca. 35.000 Stellen. ‚Arbeitgeber zum Anfassen' lassen keine Fragen offen. Präsenz ab 48 € im Monat gestaffelt nach Unternehmensgröße inklusive Unternehmensporträt, Video und Ausschreibung aller Vakanzen für Studenten und Absolventen.

Wir unterstützen

Kontakt: 0911.23 77 9-40
www.audimax.de
www.audimax-media.de

MEDIEN FÜR JUNGE ZIELGRUPPEN

EINSCHÄTZUNG
Zielgruppe Nachwuchsjuristen

TERMINE
▶ Erscheinungsweise: 2 x jährlich (Mai und Oktober) + Sonderausgabe im Februar
▶ Anzeigenschlusstermine: ca. März und August + Mitte Dezember

DATEN
▶ Verbreitete Auflage: 15.400
▶ Satzspiegel: 181 mm breit x 270 mm hoch

PREISE
▶ Preisbeispiel 1 / 1 Seite 4c: 4.150,00 €
▶ Mengenrabatt auf Stellenanzeigen: möglich auf Anfrage
▶ Preise voraussichtlich gültig bis 31.12.2014

ONLINE
▶ Print-Online-Kombi: 4 Wochen auf azur-online.de inklusive
▶ Online-Only: 950,00 €

BERUFSZIEL

EINSCHÄTZUNG
▶ Verlagsbeilage in der Süddeutschen Zeitung
▶ Zielgruppe Young Professionals

TERMINE
▶ Erscheinungsweise: 2 x jährlich (15.03.2014 + 20.09.2014)
▶ Anzeigenschlusstermine: 13.12.2013 + 11.07.2014

DATEN
▶ Verbreitete Auflage: 505.514 (IVW II/2013)
▶ Satzspiegel: 228 mm breit x 320 mm hoch

PREISE
▶ Preisbeispiel 1/1 Seite 4c: 15.990,00 €
▶ Mengenrabatt auf Stellenanzeigen: wird nicht angeboten
▶ Preise voraussichtlich gültig bis 31.12.2014

ONLINE
▶ Print-Online-Kombi: 6 Monate auf berufsziel.de inklusive
▶ Online-Only: wird nicht angeboten

EINSCHÄTZUNG

Interessante Kombination von Printmedium und persönlichem Kontakt (Tour)

TERMINE

▶ Erscheinungsweise: 2 x jährlich (Sommer- und Wintersemester)
▶ Anzeigenschlusstermine: 14.03.2014 + 12.09.2014

DATEN

▶ Auflage: bis zu 50.000
▶ Satzspiegel: 128 mm breit x 190 mm hoch

PREISE

▶ Preisbeispiel 2/1 Seite 4c (1 Seite Firmenprofil + 1 Seite Anzeige):
  Basispaket Sommer/Winter   4.950,00 €
  Kombipaket zwei Ausgaben   9.300,00 €
  Kombipaket drei Ausgaben   13.700,00 €
  RegioKMU-Paket   2.250,00 €
▶ Mengenrabatt auf Stellenanzeigen: möglich auf Anfrage
▶ Preise voraussichtlich gültig bis 31.12.2014

ONLINE

▶ Print-Online-Kombi: unbegrenzte Stellenanzeigenschaltung während der jeweiligen
  CampusTour.de auf campustour.de
▶ Online-Only: wird nicht angeboten

Frankfurter Allgemeine
HOCHSCHULANZEIGER

EINSCHÄTZUNG
Renommierter Ratgeber für Studenten, Hochschulabsolventen und Berufseinsteiger

TERMINE
- ▶ Erscheinungsweise: 6 x jährlich
- ▶ Anzeigenschlusstermin: ca. 5 Wochen vor Erscheinen

DATEN
- ▶ Verkaufte Auflage: 193.948 (IVW II / 2013)
- ▶ Satzspiegel: 215 mm breit x 283 mm hoch

PREISE
- ▶ Preisbeispiel 1 / 1 Seite 4c: 16.840,75 €
- ▶ Mengenrabatt auf Stellenanzeigen: möglich ab 2 Seiten
- ▶ Preise voraussichtlich gültig bis 31.12.2014

ONLINE
- ▶ Print-Online-Kombi: 4 Wochen auf hochschulanzeiger.de
  1 / 1 Seite Print 4c + Online-Werbemittel 17.423,71 €
  weitere Größen auf Anfrage
- ▶ Online-Only: wird nicht angeboten

BESONDERES
Sonderwerbeformen auf Anfrage

Ingenieur
karriere

EINSCHÄTZUNG
Empfehlenswertes Hochschulmagazin der VDI nachrichten

TERMINE
▶ Erscheinungsweise: 2 x jährlich (04.04.2014 + 31.10.2014)
▶ Anzeigenschlusstermine: 18.03.2014 + 14.10.2014

DATEN
▶ Druckauflage:
   April   240.000
   Oktober 230.000
▶ Satzspiegel: 200 mm breit x 272 mm hoch

PREISE
▶ Preisbeispiel 1 / 1 Seite 4c:
   Personalimageanzeigen 14.900,00 €
   Stellenanzeigen   14.500,00 €
▶ Mengenrabatt auf Stellenanzeigen: wird nicht angeboten
▶ Preise voraussichtlich gültig bis 31.12.2014

ONLINE
▶ Print-Online-Kombi: 4 Wochen auf ingenieurkarriere.de inklusive
▶ Online-Only: s. Rubrik „ONLINE-JOBBÖRSEN" ingenieurkarriere.de

EINSCHÄTZUNG
Hochschulmagazin der Süddeutschen Zeitung als Beilage

TERMINE
▶ Erscheinungsweise: 2 x jährlich (14.04.2014 + 20.10.2014)
▶ Anzeigenschlusstermine: 14.03.2014 + 19.09.2014

DATEN
▶ Verkaufte Auflage: 425.818 (IVW II / 2013)
▶ Satzspiegel: 215 mm breit x 274 mm hoch

PREISE
▶ Preisbeispiel 1 / 1 Seite 4c: 17.900,00 €
▶ Mengenrabatt auf Stellenanzeigen: wird nicht angeboten
▶ Preise voraussichtlich gültig bis 30.09.2014

ONLINE
▶ Print-Online-Kombi: 4 Wochen auf sz.de / stellenmarkt 375,00 €
▶ Online-Only: 995,00 €

BESONDERES
Komplette Beilage nachzulesen auf jetzt.de / magazine

karriereführer

EINSCHÄTZUNG
Empfehlenswert für Hochschulmarketing mit Zielgruppe Examenskandidaten und Hochschulabsolventen

TERMINE
▶ Erscheinungsweise: 1 x jährlich (Oktober)
▶ Anzeigenschlusstermin: 22.08.2014

DATEN
▶ Druckauflage: 22.000
▶ Satzspiegel: 191 mm breit x 270 mm hoch

PREISE
▶ Preisbeispiel 1 / 1 Seite 4c: 3.333,00 €
▶ Mengenrabatt auf Stellenanzeigen: möglich auf Anfrage
▶ Preise voraussichtlich gültig bis 31.12.2014

ONLINE
▶ Print-Online-Kombi: 6 Monate auf karrierefuehrer.de inklusive
▶ Online-Only: auf Anfrage

BESONDERES
Weitere Publikationen: karriereführer banken/versicherungen, karriereführer bauingenieure, karriereführer consulting, karriereführer frauen in führungspositionen, karriereführer green-tech, karriereführer handel, karriereführer informationstechnologie, karriereführer ingenieure, karriereführer naturwissenschaften, karriereführer recht, karriereführer wirtschaftswissen-schaften, karriereführer work-life-balance

 print online video app social media

karriereführer
Pioniere im Personalmarketing

EINSCHÄTZUNG
Karriere-Ratgeber für (sehr) gute Absolventen mit Interesse an Trainee-Programmen

TERMINE
- ▶ Erscheinungsweise: 1 x jährlich (Oktober)
- ▶ Anzeigenschlusstermin: Februar 2014

DATEN
- ▶ Verbreitete Auflage: 4.500
- ▶ Satzspiegel: 170 mm breit x 240 mm hoch

PREISE
- ▶ Preisbeispiel 4/1 Seite 4c (1 Seite Firmendarstellung + 1 Seite Interview zum Unternehmen + 1 Seite Mitarbeiter-Statement + 1 Seite Anzeige): 6.000,00 €
- ▶ Mengenrabatt auf Stellenanzeigen: wird nicht angeboten
- ▶ Preise voraussichtlich gültig bis 28.02.2014

ONLINE
- ▶ Print-Online-Kombi: Bucher eines Print-Porträts erhalten ein E-Book-Porträt kostenlos dazu
- ▶ Online-Only: wird nicht angeboten

BESONDERES
Weitere Publikationen: Perspektive Unternehmensberatung, Perspektiven für Juristen, Der LL.M., Perspektive Patentanwalt, Startschuss Abi

EINSCHÄTZUNG

▶ Berufsmagazin der Stuttgarter Zeitung/Stuttgarter Nachrichten
▶ Fokus auf junge Ingenieure und Absolventen aus Baden-Württemberg

TERMINE

▶ Erscheinungsweise: 2 x jährlich (12.04.2014 + 04.10.2014)
▶ Anzeigenschlusstermine: 14.02.2014 + 15.08.2014

DATEN

▶ Verbreitete Auflage: 208.810 (IVW II/2013)
▶ Satzspiegel: 205 mm breit x 277 mm hoch

PREISE

▶ Preisbeispiel 1/1 Seite 4c: 12.990,00 €
▶ Mengenrabatt auf Stellenanzeigen: wird nicht angeboten
▶ Preise voraussichtlich gültig bis 31.12.2014

ONLINE

▶ Print-Online-Kombi: 6 Monate auf s-taff.com inklusive
▶ Online-Only: wird nicht angeboten

staufenbiel
Institut

EINSCHÄTZUNG
Karriere-Handbuch für Studenten und Absolventen der Wirtschaftswissenschaften mit Unternehmensprofilen und Jobanzeigen

TERMINE
► Erscheinungsweise: 2 x jährlich (April + Oktober)
► Anzeigenschlusstermine: 18.03.2014 + 03.09.2014

DATEN
► Verbreitete Auflage: jeweils 35.000
► Satzspiegel: 146 mm breit x 210 mm hoch

PREISE
► Preisbeispiel 1 / 1 Seite 4c: 5.650,00 €
► Mengenrabatt auf Stellenanzeigen: nach Absprache
► Preise voraussichtlich gültig bis 31.10.2014

ONLINE
► Print-Online-Kombi: 30 Tage auf staufenbiel.de 450,00 €
► Online-Only: auf Anfrage

BESONDERES
► Weitere Publikationen: Automotive, Banking & Finance, Consulting, Das MBA-Studium, Handel, Ingenieure, IT in Busines, Jura, Karrieremagazin, Naturwissenschaftler
► Kombirabatt bei Belegung von mehreren Publikationen möglich

UNICUM

EINSCHÄTZUNG
Vielgelesenes Studentenmagazin mit Infos rund um Studium & Karriere

TERMINE
- ▶ Erscheinungsweise: 12 x jährlich
- ▶ Anzeigenschlusstermin: ca. 4 Wochen vor Erscheinen

DATEN
- ▶ Verbreitete Auflage: 400.588 (IVW II/2013)
- ▶ Satzspiegel: 180 mm breit x 250 mm hoch

PREISE
- ▶ Preisbeispiel 1/1 Seite 4c: 18.900,00 €
- ▶ Mengenrabatt auf Stellenanzeigen: möglich ab 3 Anzeigen bzw. 3 Seiten
- ▶ Preise voraussichtlich gültig bis 31.12.2014

ONLINE
- ▶ Print-Online-Kombi: auf Anfrage
- ▶ Online-Only: auf Anfrage

BESONDERES
Weitere Magazine: UNICUM ABI, UNICUM BERUF, Below-the-Line-Produkte

EINSCHÄTZUNG
Das Studenten- und Absolventenmagazin der ZEIT, empfehlenswert für Hochschulmarketing

TERMINE
▶ Erscheinungsweise: 6 x jährlich (plus 2 x ZEIT CAMPUS Ratgeber)
▶ Anzeigenschlusstermin: ca. 4 Wochen vor Erscheinen

DATEN
▶ Verkaufte Auflage: 108.421 (IVW II/2013)
▶ Satzspiegel: 188 mm breit x 237 mm hoch

PREISE
▶ Preisbeispiel 1/1 Seite 4c:
  Grundpreis   14.900,00 €
  Hochschulen und Forschungsinstitute   7.390,00 €
▶ Mengenrabatt auf Stellenanzeigen: möglich ab 1 Seite
▶ Preise voraussichtlich gültig bis 31.10.2014

ONLINE
▶ Print-Online-Kombi: zeit.de/jobs auf Anfrage
▶ Online-Only: zeit.de/jobs auf Anfrage

BESONDERES
Weitere Publikationen: ZEIT CAMPUS Ratgeber für Berufseinsteiger und
ZEIT CAMPUS Ratgeber für Masterstudium

DER KÖNIGSTEINER 2014

MESSEN UND VERANSTALTUNGEN

MESSEN UND VERANSTALTUNGEN

EINSCHÄTZUNG

acess konzentriert sich auf überdurchschnittlich qualifizierte Akademiker mit wirtschafts-relevanten Qualifikationen: Wirtschaftswissenschaftler, Ingenieure und Informatiker

ACCESS CAREER EVENTS

Automotive & Mobility	Stuttgart	17.01.2014
Women in Technology	Frankfurt-Mörfelden	14.03.2014
Banking & Finance	Frankfurt-Mörfelden	28.03.2014
Trainee	Hannover	27.06.2014
Fast Moving Consumer Goods (FMCG)	Frankfurt-Raunheim	26.09.2014
IT & IT Consulting (only Professionals)	Frankfurt-Oberursel	07.–08.11.2014
IT & Engineering	Düsseldorf-Ratingen	05.12.2014

Stand Oktober 2013. Änderungen in Terminen und Veranstaltungsorten vorbehalten – weitere Informationen unter access.de

VERANSTALTUNGEN

AIESEC

The international platform for young people to explore and develop their leadership potential

EINSCHÄTZUNG
Die AIESEC veranstaltet jährlich an mehreren Hochschulen das bekannte „FirmenKontaktGespräch".

TERMINE

FirmenKontaktGespräch	Nürnberg	06.05.2014
FirmenKontaktGespräch	Köln	13.05.2014
FirmenKontaktGespräch	Tübingen-Reutlingen	22.05.2014
FirmenKontaktGespräch	Bamberg	03.06.2014
FirmenKontaktGespräch	Mannheim	06.11.2014
FirmenKontaktGespräch	Würzburg	27.11.2014
FirmenKontaktGespräch	Karlsruhe	02.12.2014

Änderungen vorbehalten (aktuelle Termine und Themen unter aiesec.de/fkg)

MESSEN UND

bonding
STUDENTENINITIATIVE E.V.

EINSCHÄTZUNG

Die Firmenkontaktmesse der Aachener Studierendeninitiative ist eine der bekanntesten ihrer Art in Deutschland und findet jährlich an mehreren Standorten in Deutschland statt.

TERMINE

Firmenkontaktmesse	Kaiserslautern	20.–22.01.2014
Firmenkontaktmesse	Dresden	28.–29.04.2014
Firmenkontaktmesse	Bochum	05.–06.05.2014
Firmenkontaktmesse	Erlangen	13.–14.05.2014
Firmenkontaktmesse	Karlsruhe	26.–28.05.2014
Firmenkontaktmesse	Stuttgart	23.–24.06.2014
Firmenkontaktmesse	Berlin	28.–29.10.2014
Firmenkontaktmesse	Braunschweig	11.–12.11.2014
Firmenkontaktmesse	Hamburg	17.–18.11.2014
Firmenkontaktmesse	Aachen	01.–03.12.2014
Firmenkontaktmesse	München	08.–09.12.2014

connecticum 2014
Deutschlands große Karriere- und Recruitingmesse
für Studenten, Absolventen & Young Professionals

EINSCHÄTZUNG

Die connecticum ist Deutschlands große Karriere- und Recruitingmesse für Studenten, Absolventen und Young Professionals und findet einmal im Jahr in Berlin statt. Die Messe-Schwerpunkte sind Informatik, Wirtschafts- und Ingenieurwissenschaften.

connecticum 2014
4 MESSETAGE, 400 ARBEITGEBER, 20.000 STUDENTEN & ABSOLVENTEN
Ab 2014 ein Messetag mehr
connecticum 2014   Flughafen Berlin-Tempelhof   06.–09.05.2013

Team-Fon +49 (0)30 85 96 20 05 | messeteam@connecticum.de | www.connecticum.de

MESSEN UND

EINSCHÄTZUNG

e-fellows.net stellt Verbindungen zwischen herausragenden Schülerinnen und Schülern, Studierenden sowie Doktorandinnen und Doktoranden, renommierten Hochschulen und führenden Unternehmen her.

RECRUITING-EVENTS FÜR JURISTEN MIT MINDESTENS 9 PUNKTEN

LL.M. Day	München	15.03.2014
Perspektive Wirtschaftskanzlei Spezial	Glashütten	04.–05.04.2014
Law Students' Day	München	20.06.2014
Perspektive Wirtschaftskanzlei	Montabaur	05.–06.09.2014
LL.M. Day	Frankfurt am Main	08.11.2014
Law Students' Day	Köln	14.11.2014

RECRUITING-EVENTS MIT VORAUSWAHL FÜR WIRTSCHAFTSWISSENSCHAFTLER

Master Day Business & Economics	München	15.03.2014
Master Day Business & Economics	Frankfurt am Main	29.03.2014

RECRUITING-EVENT MIT VORAUSWAHL FÜR MEDIZINER

Perspektiven für Mediziner	München	November 2014

RECRUITING-EVENT MIT VORAUSWAHL FÜR INGENIEURE UND NATURWISSENSCHAFTLER

Perspektive Patentanwalt	München	Herbst 2014

RECRUITING-EVENT MIT VORAUSWAHL FÜR INFORMATIKER

IT Day	München	Herbst 2014

RECRUITING-EVENTS MIT VORAUSWAHL FÜR YOUNG PROFESSIONALS

MBA Day	München	08.03.2014
e-fellows.net working Consulting	Düsseldorf	24.05.2014
e-fellows.net working Consulting	München	14.06.2014
MBA Day	Frankfurt am Main	18.10.2014
e-fellows.net working Consulting	Frankfurt am Main	25.10.2014
e-fellows.net working Consulting	München	22.11.2014

IQB.de

EINSCHÄTZUNG

IQB führt bundesweit rund 30 Recruiting-Events pro Jahr durch, an denen über 400 rekrutierende Unternehmen teilnehmen.

JOBcon

Engineering	Frankfurt am Main	28.01.2014
Finance	Frankfurt am Main	07.02.2014

JURAcon

Einzelgesprächs-Event	München	27.03.2014
Karriereforum	Bielefeld	07.05.2014
Karriereforum	Trier	20.05.2014
Karriereforum	Frankfurt am Main	27.05.2014
Einzelgesprächs-Event	Düsseldorf	17.07.2014
Karriereforum	Köln	22.10.2014
Einzelgesprächs-Event	Hamburg	28.10.2014
Einzelgesprächs-Event	Frankfurt am Main	13.11.2014
Karriereforum	München	25.11.2014
Karriereforum	Berlin	02.12.2014

meet@

Karrieremesse	Friedberg	23.01.2014
Karrieremesse	Frankfurt am Main	29.04.2014
Karrieremesse	Hannover	06.05.2014
Karrieremesse	Jülich	07.05.2014
Karrieremesse	Aachen	08.05.2014
Karrieremesse	München	13.05.2014
Karrieremesse	Köln	14.–15.05.2014
Karrieremesse	Trier	20.05.2014
Karrieremesse	Kassel	22.05.2014
Karrieremesse	Frankfurt am Main	03.06.2014
Karrieremesse	Frankfurt am Main	November 2014
Karrieremesse	Wiesbaden	November 2014
Karrieremesse	Rüsselsheim	November 2014
Karrieremesse	Darmstadt	November 2014
Karrieremesse	Frankfurt am Main	Dezember 2014
Karrieremesse	Luxemburg	Dezember 2014
Karrieremesse	Gießen	03.12.2014

MESSEN UND VERANSTALTUNGEN

EINSCHÄTZUNG

Händedruck statt Doppelklick: Treffen Sie Ihre motivierten Mitarbeiter von morgen auf der jobmesse deutschland tour. Mit Messegästen vom Schüler bis zum Ingenieur!

MESSETERMINE

jobmesse	München	25.–26.01.2014
jobmesse	Hamburg	01.–02.02.2014
jobmesse	Lübeck	08.–09.03.2014
jobmesse	Düsseldorf	22.–23.03.2014
jobmesse	Dortmund	29.–30.03.2014
jobmesse	Münsterland (in Münster)	10.–11.05.2014
jobmesse	Köln	17.–18.05.2014
jobmesse	Emsland (in Lingen)	14.–15.06.2014
jobmesse	Hannover	21.–22.06.2014
jobmesse	Oldenburg	28.–29.06.2014
jobmesse	Osnabrück	13.–14.09.2014
jobmesse	Stuttgart	20.–21.09.2014
jobmesse	Bremen	27.–28.09.2014
jobmesse	Berlin	11.–12.10.2014
jobmesse	Bielefeld	25.–26.10.2014
jobmesse	Kiel	01.–02.11.2014
jobmesse	Rostock	Herbst 2014

EINSCHÄTZUNG
Branchenspezifische Recruiting Messe für Naturwissenschaftler, Ingenieure & Techniker aller Karrierestufen

RECRUITING MESSEN

jobvector career day	München	04.04.2014
jobvector career day	Berlin	25.09.2014
jobvector career day	Düsseldorf	20.11.2014

MESSEN UND
VERANSTALTUNGEN

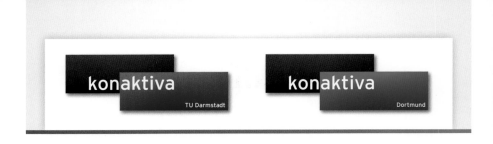

EINSCHÄTZUNG

Die konaktiva findet in Darmstadt und Dortmund statt und ist eine der größten von Studierenden organisierte Unternehmenskontaktmesse in Deutschland.

MESSETERMINE

Unternehmenskontaktmesse	Darmstadt	06.–08.05.2014
Unternehmenskontaktmesse	Dortmund	11.–13.11.2014

Weitere Informationen unter konaktiva.de

staufenbiel
Institut

EINSCHÄTZUNG
Deutschlands größte Jobmesse für Studierende, Absolventen und Young Professionals

RECRUITING-MESSEN

Absolventenkongress Ruhrgebiet	Essen	05.06.2014
Absolventenkongress Norddeutschland	Hamburg	18.06.2014
Absolventenkongress Rhein-Main	Frankfurt am Main	03.07.2014
Absolventenkongress Baden-Württemberg	Stuttgart	10.07.2014
Absolventenkongress Deutschland	Köln	26.–27.11.2014
Absolventenkongress Schweiz	Zürich	11.12.2014

RECRUITING-EVENTS MIT VORAUSWAHL

Consulting Days	Köln	26.–27.11.2014

MESSEN UND

T5 (JobMesse

EINSCHÄTZUNG
Exklusive Recruiting Veranstaltungen für Ø 1.000 Besucher mit passender Qualifikation.
Aussteller sind Global Player wie auch klein- und mittelständische Unternehmen aus BioTech,
Chemie, Gesundheitswesen, Life Sciences, Medizintechnik, Pharmazie und Umwelttechnik.

MESSETERMINE

T5 JobMesse	Stuttgart	12.03.2014
T5 JobMesse	Berlin	25.06.2014
T5 JobMesse	Hamburg	29.10.2014
T5 JobMesse	München	19.11.2014

Aktuelle Informationen unter t5-karriereportal.de

VDI nachrichten
recruiting tag

EINSCHÄTZUNG

DIE Karrieremesse für stellensuchende und wechselwillige Ingenieure

RECRUITING TAG

Dortmund	Kongresszentrum Westfalenhallen	31.01.2014
Koblenz	Rhein-Mosel-Halle	06.02.2014
Mannheim	Congress Center Rosengarten	14.02.2014
Würzburg	VCC	20.02.2014
Bonn	Beethovenhalle	07.03.2014
Hanau	Congress Park	13.03.2014
München	MOC Veranstaltungscenter	20.03.2014
Hamburg	Handelskammer	25.03.2014
Regensburg	Kolpinghaus	08.04.2014
Ludwigsburg	Forum am Schlosspark	10.04.2014
Düsseldorf	Maritim	09.05.2014
Sindelfingen	Stadthalle	16.05.2014
Bremen	CCH Maritim	23.05.2014
Dresden	Maritim	05.06.2014
Aachen	Eurogress	18.06.2014
Gießen	Kongresshalle	26.06.2014
Kiel	Halle400	03.07.2014
Berlin	Estrel Hotel	02.09.2014
Dortmund	Kongresszentrum Westfalenhallen	12.09.2014
Ulm	Maritim	18.09.2014
Böblingen	Congress Center	23.09.2014
Darmstadt	darmstadtium	26.09.2014
Augsburg	Kongress am Park	01.10.2014
Karlsruhe	Kongresszentrum	09.10.2014
Nürnberg	Meistersingerhalle	16.10.2014
Braunschweig	Stadthalle	23.10.2014
Köln	Maternushaus	28.10.2014
Ludwigsburg	Forum am Schlosspark	07.11.2014
Kassel	Kongress Palais	14.11.2014
München	MOC Veranstaltungscenter	20.11.2014
Leipzig	G-A-R-A-G-E	25.11.2014
Hamburg	Handelskammer	12.12.2014

MESSEN UND

EINSCHÄTZUNG
Fachmessen für Personalmanagement

MESSETERMINE
PERSONAL2014 Nord	Hamburg	06.–07.05.2014
PERSONAL2014 Süd	Stuttgart	20.–21.05.2014
Zukunft Personal	Köln	14.–16.10.2014

Weitere Fachmessen unter messe.org

MESSEN UND
VERANSTALTUNGEN

DER KÖNIGSTEINER 2014

INTERNATIONAL

INTERNATIONAL

BELGIEN

JOBAT.BE
Gehört zu den führenden Jobbörsen in Belgien und ist grundsätzlich für jede Stellenausschreibung geeignet. Unter dem gleichen Namen erscheint auch eine Stellenmarktzeitung verschiedener Tageszeitungen im flämischen Teil Belgiens.

STEPSTONE.BE
Die belgische Niederlassung von StepStone zählt zu den relevanten Jobbörsen in Belgien.

VACATURE.COM + REFERENCES.BE + JOBSCAREER.BE
Diese drei Jobbörsen sind nur zusammen buchbar, wobei Vacature den niederländischen Teil Belgiens abdeckt. References.be ist für den französischsprachigen Teil zuständig und Jobscareer.be umfasst sowohl niederländische, französische und englische Anzeigen.

monster

MONSTER.BE
Die belgische Monster-Seite kann man sich entweder als englische, französische oder niederländische Version anzeigen lassen und zählt ebenfalls zu den Top-Jobbörsen in Belgien.

VDAB.BE
Die staatliche Börse kümmert sich vornehmlich um Arbeitsangelegenheiten der flämisch sprechenden Bevölkerung.

INTERNATIONAL

EUROPA

214

LE SOIR

LE SOIR

Die bedeutendste Wirtschaftszeitung im französischen
Sprachteil Belgiens. Tageszeitung der Hauptstadt Brüssel.

INTERNATIONAL
EUROPA

DÄNEMARK

JOBINDEX.DK
Die marktführende Jobbörse in Dänemark mit den meisten Anzeigen und den meisten Besuchern.

OFIR.DK
Die allererste Jobbörse des Landes ging 1996 online und zählt noch heute zu den wichtigsten Anlaufstellen bei der Jobsuche.

StepStone

STEPSTONE.DK
Gehört zu den meistbesuchten Jobbörsen in Dänemark.

INTERNATIONAL

EUROPA

MORGENAVISEN JYLLANDS-POSTEN
Wichtigste nationale Tageszeitung in Dänemark.

ESTLAND

CVKESKUS.EE
Größtes und bekanntestes Jobportal in Estland.
Kooperationspartner von StepStone und Monster.

CVONLINE.EE
Teil der in Osteuropa aktiven CVOnline Group; zählt zu den
relevanten Playern am estnischen Markt.

EESTI PÄEVALEHT
Führende Qualitätszeitung Estlands.

INTERNATIONAL
EUROPA

FINNLAND

tyopaikat.oikotie.fi

TYOPAIKAT.OIKOTIE.FI
Teil des generellen finnischen Anzeigenportals Oikotie und marktführende Job-Plattform in Finnland.

MONSTER.FI
Auch auf seiner finnischen Plattform ist Monster sehr erfolgreich und zählt zu den bekanntesten Jobbörsen des Landes.

uranus.fi

URANUS.FI
Das ebenfalls auf Englisch und Schwedisch verfügbare Jobportal ist unter anderem Kooperationspartner von StepStone. Die Domain StepStone.fi wird automatisch auf uranus.fi weitergeleitet.

HELSINGIN SANOMAT

HELSINGIN SANOMAT
Führende nationale Qualitätstageszeitung.

FRANKREICH

CADREMPLOI.FR
Die marktführende Jobbörse in Frankreich; gehört zur Gruppe Figaro Classifieds. Anzeigentexte dürfen bei dieser Börse maximal 2.500 Zeichen umfassen. Cadremploi.fr ist außerdem Kooperationspartner von StepStone.

REGIONSJOB.COM
Der Reichweiten-Marktführer in Frankreich. Das Jobbörsen-Netzwerk umfasst 8 regionale Portale Die Anzeige wird auf dem für die Region passenden Portal veröffentlicht.

KELJOB.COM
Reiht sich in die Liste der großen allgemeinen Jobbörsen Frankreichs ein. Die Börse eignet sich vor allem für Jobs aus dem mittleren und niederen Management. Keljob.com ist ebenfalls Kooperationspartner von StepStone.

MONSTER.FR
Der französische Ableger von Monster gehört zu einer der bekanntesten Jobbörsen des Landes, muss sich jedoch einem harten Wettbewerb stellen.

CAREERBUILDER.FR
Auch Careerbuilder zählt in Frankreich zu einer der bekannten Jobbörsen, vor allem Dank der Übernahme einiger lokaler Jobbörsen-Plattformen in den letzten Jahren.

STEPSTONE.FR
StepStone ist in Frankreich vor allem durch seine strategischen Kooperationen mit führenden, spezialisierten Jobbörsen bekannt. Bei Buchung einer Anzeige wird diese auf einer passenden Spezialseite aus dem Kooperationsnetzwerk mit veröffentlicht.

INTERNATIONAL
EUROPA

LE FIGARO
Nationale Tageszeitung mit Stellenmarkt für „normale"
Positionen, mittleres Management und Top-Führungskräfte.

LE MONDE
Führende nationale Tageszeitung mit Stellenmarkt für mittleres
und gehobenes Management, Ingenieure, öffentlichen Dienst
und internationale Anzeigen.

L'ALSACE
Regionale Tageszeitung im südlichen Elsass (Region Colmar
und Mulhouse).

DERNIÈRES NOUVELLES D'ALSACE
Regionale Tageszeitung im nördlichen Elsass (Region
Strasbourg).

L'USINE NOUVELLE
Wöchentlich erscheinende Fachzeitung für Ingenieure und
Techniker – DAS Medium in Frankreich für technische Berufe.

INTERNATIONAL
EUROPA

GRIECHENLAND

KARIERA.GR
Die Jobbörse ist Marktführer in Griechenland. Sie wurde 2007 von Careerbuilder übernommen, hat aber ihren Namen beibehalten.

SKYWALKER.GR
Eine der führenden Jobbörsen in Griechenland und Kooperationspartner von StepStone.

INTERNATIONAL

EUROPA

KATHIMERINI
Renommierte, für Stellenausschreibungen empfehlenswerte Tageszeitung.

TA NEA
Zeitung mit kleiner Auflage – interessant als Ergänzung für Stellenausschreibungen in Griechenland.

GROSSBRITANNIEN

ONLINE

it's not luck, it's
totaljobs.com

TOTALJOBS.COM
Eine der sehr relevanten Jobbörsen in Großbritannien – gehört zu StepStone.

jobsite

JOBSITE.CO.UK
Eine der führenden und ältesten Jobbörsen in UK. Gehört dem weltweit fünftgrößten Recruitment Brand „Evenbase" an.

monster

MONSTER.CO.UK
Gehört zu den namhaften Playern in Großbritannien, muss sich aber zunehmend gegen die immer stärker werdende Konkurrenz behaupten.

REED.CO.UK
Ursprünglich die Job-Plattform eines HR-Dienstleisters, das die größte Reichweite auf sich vereinigt.

THE ✸ TIMES

THE TIMES
Bekannteste nationale Tageszeitung mit Stellenmarkt für Führungspositionen.

THE SUNDAY TIMES

THE SUNDAY TIMES
Bekannteste nationale Tageszeitung mit Stellenmarkt für Führungspositionen.

The **Guardian**

THE GUARDIAN
Tageszeitung mit nationaler Verbreitung und großem Rubrikenteil im Stellenmarkt.

The Daily Telegraph
The Sunday Telegraph

THE DAILY TELEGRAPH/THE SUNDAY TELEGRAPH
Große britische Qualitätszeitung.

THE HERALD
Qualitätszeitung mit größtem Stellenmarkt in Zentral-Schottland.

THE SCOTSMAN

THE SCOTSMAN
Führende Qualitätszeitung in Schottland.

INTERNATIONAL
EUROPA

IRLAND

IRISHJOBS.IE
Diese Börse ist seit 1995 am Markt und mittlerweile offiziell Irlands Nummer 1 wenn es um Jobbörsen geht. Gehört zur irischen Saongroup, welche im November 2013 von StepStone übernommen wurde.

JOBS.IE
Irlands reichweitenstärkste Jobbörse mit einer treuen und aktiven Facebook- und Twitter-Community.

FINDAJOB.IE
Findajob.ie ist die Jobbörse des Irish Independent. Sie wurde in Zusammenarbeit mit StepStone entwickelt und ist auch Kooperationspartner von StepStone.

INTERNATIONAL
EUROPA

THE IRISH TIMES
We look at life. You live it.

THE IRISH TIMES

Irlands führende nationale Tageszeitung.

ITALIEN

InfoJobs

INFOJOBS.IT
Die marktführende Jobbörse in Italien in Bezug auf Reichweite und Anzahl der Jobs.

monster

MONSTER.IT
Zählt zu den marktführenden und bekanntesten Jobplattformen mit einer sehr hohen Anzeigenreichweite.

trovolavoro
CORRIERE DELLA SERA

TROVOLAVORO.IT
Zählt ebenfalls zu den marktführenden Jobbörsen in Italien. Sie ist die Stellenbörse der bekanntesten Tageszeitung „Corriere della Sera" und Kooperationspartner von StepStone.

CORRIERE DELLA SERA

CORRIERE DELLA SERA
Italiens Medium Nr. 1 für Stellenanzeigen auf nationaler Ebene.

KROATIEN

ONLINE

MOJ-POSAO.NET
Marktführende Jobbörse in Kroatien mit den meisten
Besuchern und Anzeigen. Moj-posao.net ist Kooperations-
partner von StepStone.

posao.hr

POSAO.HR
Eindeutige Nummer 2 am Markt; ist der Nummer 1 auf den
Fersen.

INTERNATIONAL
EUROPA

VEČERNJI LIST
Führende kroatische Tageszeitung („Abendzeitung").

LETTLAND

ONLINE

CV.LV
Die Börse ist Teil von CVOnline und befindet sich damit im Besitz der finnischen Alma Media Group. Diese Jobbörse hat die meisten Jobs und die stärkste Reichweite in Lettland.

CVMARKET.LV
Einer der großen Player auf dem lettischen Jobmarkt und Kooperationspartner von StepStone.

DIENA

Führende nationale Qualitätszeitung, die u. a. von
Führungskräften in den Unternehmen, aber auch von
Regierungsbeamten gelesen wird.

INTERNATIONAL
EUROPA

LITAUEN

CVONLINE.LT
CVOnline Litauen ist die marktführende Jobbörse in Litauen und gehört zur finnischen Alma Media Group.

CVMARKET.LT
Marktführendes Jobportal mit mehr als 10 Jahren Erfahrung und Kooperationspartner von StepStone.

LIETUVOS RYTAS
Wichtigste Tageszeitung im Land.

LUXEMBURG

MONSTER.LU

Eine der marktführenden Jobbörsen in Luxemburg. Um den ersten Platz „streitet" sich Monster mit dem Portal jobs.lu. Abrufbar als englische, französische oder deutsche Version.

JOBS.LU

Diese Jobbörse ist der regionale Marktführer und gehört zur irischen Saongroup, welche im November 2013 von StepStone übernommen wurde. Jobs.lu ist neben Englisch, Deutsch und Französisch ebenfalls in luxemburgischer Sprache verfügbar.

Luxemburger Wort

LUXEMBURGER WORT
Große nationale Tageszeitung.

NIEDERLANDE

NATIONALEVACATUREBANK.NL
Die marktführende kommerzielle Jobbörse in den Niederlanden. Sie gehört zu den Pionieren in diesem Land und ist geeignet für alle Arten von Stellenausschreibungen.

MONSTERBOARD.NL
Monster hat mit diesem Board eine starke Präsenz in den Niederlanden. Eine Anzeigenveröffentlichung ist hier für jede Art von Job empfehlenswert.

STEPSTONE.NL
Gute Alternative für die zusätzliche Veröffentlichung von Stellenangeboten.

INTERNATIONAL

EUROPA

DE TELEGRAAF

Auflagenstärkste Tageszeitung der Niederlande und Tageszeitung der Hauptstadt Amsterdam mit ausführlichstem Stellenmarkt der Niederlande.

ALGEMEEN DAGBLAD

Nationale Tageszeitung mit regionalem Schwerpunkt Rotterdam.

NORWEGEN

ONLINE

finn.no/jobb

FINN.NO/JOBB
Die zu dem Kleinanzeigenportal finn.no gehörende Jobbörse
ist klarer Marktführer in Norwegen. Eine Anzeigenschaltung ist
hier für jede Art von Stellenausschreibungen zu empfehlen.

Jobbsafari

JOBBSAFARI.NO
Als Ableger des dänischen Marktführers jobindex.dk gewinnt
dieser Stellenmarkt nach und nach an Einfluss. Eine
Veröffentlichung lohnt sich zur Reichweitensteigerung in
Norwegen.

careerbuilder

CAREERBUILDER.NO
Die Nummer 3 in Bezug auf die Zahl der veröffentlichten
Anzeigen.

Aftenposten

AFTENPOSTEN
Führende nationale Tageszeitung in Norwegen.

ÖSTERREICH

KARRIERE.AT
Das marktführende Jobportal in Österreich, welches 2004 gegründet wurde.

MONSTER.AT / JOBPILOT.AT
Monster zählt zu den starken Playern in Österreich.

STEPSTONE.AT
StepStone ist auch in Österreich stark vertreten und gehört zu den Top 3.

CAREESMA.AT
Die Nummer 2 in Bezug auf Anzeigenzahlen und Reichweite; eignet sich gut zur weiteren Verbreitung aller Stellen-anzeigen.

WILLHABEN.AT
Es handelt sich hier um ein Kleinanzeigen-Portal, das nicht nur Stellen umfasst. Das Portal eignet sich gut für eine lokale Präsenz am Jobmarkt, auch für gewerbliche Anzeigen.

BESTE-STELLEN.AT
Gemeinsames Jobportal der Salzburger Nachrichten und der Oberösterreichischen Nachrichten (online seit April 2012). Die Jobbörsen-Technologie kommt aus dem Hause Jobware.

DER STANDARD

DER STANDARD

Qualitätszeitung; sehr gut geeignet für Positionen im mittleren und oberen Management.

KURIER

KURIER

Tageszeitung mit größtem Stellenmarkt.

POLEN

PRACUJ.PL
Die marktführende allgemeine Jobbörse in Polen und Kooperationspartner von StepStone. Sie eignet sich für Stellenausschreibungen aller Art.

INFOPRACA.PL
Eine weitere erfolgreiche Jobbörse und ebenfalls reichweitenmäßig gut aufgestellt.

GAZETA WYBORCZA

Die meistgelesene überregionale Tageszeitung in Polen mit einem hohen Bekanntheitsgrad. Das dazugehörige Online-Portal gazetapraca.pl ist die Nummer 2 am polnischen Markt und eignet sich für Stellenausschreibungen aller Art.

PORTUGAL

net-empregos.com

NET-EMPREGOS.COM
Wurde als erstes Jobportal in Portugal gegründet und ist die meistgenutzte Jobbörse im Land. Eine Anzeigenschaltung ist hier auf jeden Fall zu empfehlen. Das Portal ist außerdem Kooperationspartner von StepStone.

EMPREGO.SAPO.PT
Jobbörse des stark frequentierten Kleinanzeigenportals sapo.pt, der portugiesischen Telekom. Anzeigen-veröffentlichungen sind kostenfrei, die Reichweite ist hoch.

EXPRESSO

Portugiesische Wochenzeitung mit einem starken Stellenmarkt. Das Online-Portal expressoemprego.pt ist die zweigrößte Jobbörse des Landes.

RUMÄNIEN

ejobs.ro

EJOBS.RO

Die führende Jobbörse in Rumänien, dicht gefolgt von bestjobs.ro. Eine Anzeigenschaltung ist dort auf jeden Fall zu empfehlen. Das Portal ist außerdem Kooperationspartner von Monster.

BESTJOBS.RO

Führende Jobbörse in Rumänien, welche seit mehr als 12 Jahren am Markt ist. Kooperationspartner von StepStone.

INTERNATIONAL

EUROPA

România liberă

ROMÂNIA LIBERĂ
Unabhängige, überregionale Tageszeitung mit den meisten Anzeigen und gehobener Leserschaft.

RUSSLAND

HEADHUNTER.RU
Die Nummer 1 der russischen Jobportale und außerdem Kooperationspartner von StepStone. Eine Anzeigenschaltung eignet sich für alle Arten von Stellenausschreibungen.

SUPERJOB.RU
Die zweite Jobbörse am russischen Markt ist geeignet um zusätzliche Reichweite zu generieren.

JOB.RU
Die Börse rangiert knapp hinter superjob.ru und ist damit ebenfalls für eine Anzeigenschaltung in Russland geeignet.

INTERNATIONAL
EUROPA

ИЗВЕСТИЯ

ISWESTIJA
Führende nationale Tageszeitung.

Коммерсантъ

KOMMERSANT
Wirtschaftszeitung in Russland und anderen GUS-Staaten.

SCHWEDEN

monster

MONSTER.SE
Die führende Jobbörse in Schweden.

CAREERBUILDER.SE
Über die bekannte Domain Jobbguiden.se gelangt man direkt zu Careerbuilder.se, da das Portal von Careerbuilder übernommen wurde.

StepStone

STEPSTONE.SE
Die Nummer 3 der kommerziellen Jobbörsen in Schweden.

INTERNATIONAL

EUROPA

DAGENS NYHETER.

DAGENS NYHETER
Nationale Tageszeitung in Schweden und gleichzeitig
Tageszeitung der Hauptstadt Stockholm.

SCHWEIZ

ONLINE

JOBS.CH
Das führende Online-Portal in der Schweiz und Kooperationspartner von StepStone. Eine Anzeigenschaltung ist hier sehr zu empfehlen. Kann auch als Kombination mit JobScout24.ch und Jobwinner.ch gebucht werden.

JOBSCOUT24.CH
Die Nummer 2 am Schweizer Markt mit einer hohen Reichweite. Kann als Kombination mit Jobs.ch und Jobwinner.ch gebucht werden.

N°1 en Suisse romande

JOBUP.CH
Gehört seit Ende 2012 zur JobCloud AG, in der auch jobs.ch vertreten ist. Seit 10 Jahren der Experte und mittlerweile auch die Nummer 1 für den französischsprachigen Teil der Schweiz. Kooperationspartner von StepStone.

monster

MONSTER.CH / JOBPILOT.CH
Die Anzeigenschaltung ist für eine zusätzliche Reichweitensteigerung geeignet.

NZZ

NEUE ZÜRCHER ZEITUNG

Erste Wahl bei nationalen Ausschreibungen für Führungskräfte.

Basler Zeitung

BASLER ZEITUNG

Stärkste Regionalzeitung in Basel Stadt und Land mit Stellenbeilage „Stellefant".

SLOWAKEI

ONLINE

PROFESIA.SK
Unangefochtene Nummer 1 unter den slowakischen Jobbörsen
mit 95 % Marktanteil und unter den 15 meistbesuchten
Webseiten des Landes. Mehr als 15 Jahre am Markt.
Ist Kooperationspartner von StepStone.

kariera.zoznam.sk

KARIERA.ZOZNAM.SK
Weitere bekannte Jobbörse in der Slowakei. Sie eignet sich für
zusätzliche Anzeigenveröffentlichungen.

SME
Beliebte Tageszeitung in der Slowakei/Bratislava.

SLOWENIEN

ONLINE

MOJEDELO.COM
Unter den 20 meistbesuchten Seiten in Slowenien und DAS
meistbesuchte Jobportal. Kooperationspartner von StepStone.

ZAPOSLITEV.NET
Eine Anzeigenschaltung ist zur Reichweitensteigerung
empfehlenswert. Zaposlitev.net ist Kooperationspartner von
Monster.

DELO

DELO
Führende nationale Qualitätstageszeitung.

SPANIEN

InfoJobs

INFOJOBS.NET
Unangefochtene Nummer 1 in Spanien. Allerdings lässt die Servicementalität gegenüber nicht-spanischen Unternehmen zu wünschen übrig und verhindert in den meisten Fällen eine erfolgreiche Veröffentlichung.

infoempleo.com

INFOEMPLEO.COM
Die Nummer 2 in Spanien und Kooperationspartner von StepStone. Anzeigenschaltung ist empfehlenswert, wenn weitere Reichweite gewünscht wird.

INTERNATIONAL

EUROPA

EL PAIS

EL PAIS

Große überregionale Tageszeitung in Spanien und gleichzeitig Tageszeitung der Hauptstadt Madrid.

LA VANGUARDIA

LA VANGUARDIA

Die Tageszeitung Barcelonas und der Region Katalonien.

TSCHECHISCHE REPUBLIK

ONLINE

SPRACE.CZ / VOLNAMISTA.CZ
Die führende Jobbörse in der Tschechischen Republik. Sie
gehört zu der wichtigsten lokalen Suchmaschine seznam.cz.

JOBS.CZ
Ebenfalls sehr bekanntes Jobportal in Tschechien und
Kooperationspartner von StepStone.

PRACE.CZ
Vergleichbar mit jobs.cz, was Traffic und Reichweite angeht.
Beide Jobbörsen gehören zum gleichen Medienunternehmen.

MLADÁ FRONTA DNES
Nationale Tageszeitung und die Nr. 1 für Stellenanzeigen.

UNGARN

PROFESSION.HU
Der ungarische Marktführer mit 71 % Marktanteil; ist Kooperationspartner von StepStone.

CVONLINE.HU
Die Nummer 2 in Ungarn. Die Betreibergesellschaft besitzt weitere spezialisierte Jobportale, wichtigster Player ist jedoch cvonline.hu.

WORKANIA.HU
Die drittgrößte Jobbörse in Ungarn.

INTERNATIONAL

EUROPA

NÉPSZABADSÁG

A tájékozottság magabiztossá tesz.

NÉPSZABADSÁG

Führende Tageszeitung Ungarns.

CHINA

51JOB.COM
Die marktführende Jobbörse in China.

ZHAOPIN.COM
Die Nummer 2 in China. Diese Jobbörse ist besonders relevant im Norden Chinas, in den Städten rund um Peking. Ist außerdem Kooperationspartner von StepStone.

chinaHR.com

CHINAHR.COM
Die Nummer 3 am chinesischen Markt und ebenfalls Kooperationspartner von StepStone.

INTERNATIONAL
WELTWEIT

CHINA DAILY

Einzige englischsprachige nationale Tageszeitung.

HONGKONG

HK.jobsdb.com

HK.JOBSDB.COM
Diese Jobbörse ist die reichweitenstärkste in Hongkong mit den meisten online verfügbaren Jobs. JobsDB verfügt über ein Jobportal-Netzwerk, das den asiatisch-indischen Raum gut abdeckt.

RECRUIT.COM.HK
Zweite Jobbörse in Hongkong mit sehr starker Reichweite. Kooperationspartner von StepStone. Der Anbieter ist ebenfalls Herausgeber von Karriere- und HR-Printtiteln.

monster

MONSTER.COM.HK
Auch Monster bietet sich als zusätzliche Jobbörse für Hongkong an.

INTERNATIONAL
WELTWEIT

SOUTH CHINA MORNING POST
Qualitätstageszeitung in englischer Sprache.

INTERNATIONAL WELTWEIT

INDIEN

NAUKRI.COM
Die marktführende Jobbörse in Indien und Kooperationspartner von StepStone.

MONSTERINDIA.COM
Die Nummer 2 in Indien mit weniger Reichweite als naukri.com. Diese Jobbörse eignet sich als Zusatzbörse für Anzeigenschaltungen in Indien.

THE TIMES OF INDIA

THE TIMES OF INDIA
Größte englischsprachige Tageszeitung im Land.

JAPAN

DAIJOB.COM

daijob.com

Teil des japanischen Recruit.jp-Netzwerks, dem ebenfalls die international erfolgreiche Jobsuchmaschine indeed.com angehört. Diese Jobbörse richtet sich an Kandidaten, die zweisprachig (englisch und japanisch) sind. Seit 1998 am Markt und seit 2012 auch auf Chinesisch abrufbar.

INTERNATIONAL
WELTWEIT

PRINT

THE YOMIURI SHIMBUN

THE YOMIURI SHIMBUN

Japans größte nationale Qualitätstageszeitung mit Morgen- und Abendausgabe in japanischer Sprache.

THE DAILY YOMIURI

THE DAILY YOMIURI

Englischsprachige Ausgabe von „The Yomiuri Shimbun".

INTERNATIONAL
WELTWEIT

KANADA

WORKOPOLIS.COM
Die Nummer 1 in Kanada und Kooperationspartner von StepStone.

monster

MONSTER.CA
Die Nummer 2 Kanadas.

careerbuilder

CAREERBUILDER.CA
Als Zusatzbörse zur Reichweitensteigerung zu empfehlen.

INTERNATIONAL
WELTWEIT

276

THE GLOBE AND MAIL

THE GLOBE AND MAIL
Führende Tageszeitung Kanadas.

SINGAPUR

JobStreet

JOBSTREET.COM
Die marktführende Jobbörse in Singapur und
Kooperationspartner von StepStone.

JOBSDB.COM
Die zweitbeste Jobbörse des Landes und sehr empfehlenswert
zur Reichweitensteigerung, auch aufgrund des Jobbörsen-
Netzwerks in der Asien-Pazifik-Region.

JobsCentral

JOBSCENTRAL.CO.SG
Gehört zum internationalen Netzwerk von Careerbuilder und
eignet sich gut als weitere Alternative.

INTERNATIONAL
WELTWEIT

The Straits Times

THE STRAITS TIMES

Älteste und wichtigste Tageszeitung des Landes in englischer Sprache.

USA

careerbuilder

CAREERBUILDER.COM
Der Marktführer unter den kommerziellen Jobbörsen.

monster

MONSTER.COM
Im starken Wettbewerb mit careerbuilder.com. Eine Anzeigenschaltung ist je nach gesuchtem Profil auf beiden Jobbörsen zu empfehlen.

LinkedIn.com

LINKEDIN.COM
Die Anzeigenschaltung im Business-Netzwerk LinkedIn eignet sich für High Executive- und Management-Jobs.

INTERNATIONAL
WELTWEIT

The New York Times

THE NEW YORK TIMES
Wichtigste und auflagenstärkste Zeitung in den USA mit nationaler Verbreitung.

monster

LAND	URL	LAUFZEIT	REGIONAL	ÜBERREGIONAL	LAYOUT
EUROPA					
Belgien	monster.be	60 Tage	810,00 €	1.620,00 €	Design
Dänemark	monster.dk	60 Tage	683,00 €	919,00 €	Design
Finnland	monster.fi	60 Tage	1.274,00 €	2.976,00 €	Design
Frankreich	monster.fr	60 Tage	1.125,00 €	3.210,00 €	Design
Irland	monster.ie	60 Tage	510,00 €	1.425,00 €	Design
Italien	monster.it	60 Tage	840,00 €	1.290,00 €	Design
Luxemburg	monster.lu	60 Tage	710,00 €	1.065,00 €	Design
Niederlande	monsterboard.nl	60 Tage	674,00 €	1.005,00 €	Design
Norwegen	monster.no	60 Tage	976,00 €	3.297,00 €	Design
Österreich	monster.at	30 Tage	690,00 €	780,00 €	Design
Polen	monsterpolska.pl	30 Tage	174,00 €	193,00 €	Design
Russland	monsterrussia.ru	60 Tage	155,00 €	nicht möglich	Standard
Schweden	monster.se	60 Tage	1.705,00 €	4.296,00 €	Design
Schweiz	monster.ch	30 Tage	367,00 €	408,00 €	Design
Spanien	monster.es	60 Tage	240,00 €	1.200,00 €	Design
Slowakei	jobpilot.sk	30 Tage	68,00 €	76,00 €	Design
Tschechien	monster.cz	30 Tage	159,00 €	177,00 €	Design
Ungarn	monster.hu	30 Tage	181,00 €	201,00 €	Design
UK	monster.co.uk	60 Tage	724,50 €	2.716,00 €	Design
AMERIKA					
Kanada	monster.ca	60 Tage	837,00 €	nicht möglich	Standard
USA	monster.com	60 Tage	528,00 €	nicht möglich	Standard
ASIEN & MITTLERER OSTEN					
Australien	careerone.com.au	30 Tage	135,00 €	nicht möglich	Standard
Hongkong	monster.com.hk	60 Tage	113,00 €	nicht möglich	Standard
Indien	monsterindia.com	60 Tage	121,00 €	nicht möglich	Standard
Indonesien	monster.co.id	60 Tage	129,00 €	nicht möglich	Standard
Korea	jobkorea.co.kr	60 Tage	357,00 €	nicht möglich	Standard
Malaysia	monster.com.my	60 Tage	112,00 €	nicht möglich	Standard
Philippinen	monster.com.ph	60 Tage	120,00 €	nicht möglich	Standard
Singapur	monster.com.sg	60 Tage	117,00 €	nicht möglich	Standard

Stand Preise: 2013

zzgl. Kosten für HTML-Erstellung bzw. Fließtext-Eingabe durch die KÖNIGSTEINER AGENTUR
Standard = ungestaltete Anzeige, Design = gestaltete Anzeige

monster

LAND	URL	LAUFZEIT	REGIONAL	ÜBERREGIONAL	LAYOUT
ASIEN & MITTLERER OSTEN					
Thailand	monster.com.th	60 Tage	129,00 €	nicht möglich	Standard
Vietnam	monster.com.vn	60 Tage	129,00 €	nicht möglich	Standard
GOLF-REGIONEN					
Ägypten	monstergulf.com	60 Tage	189,00 €	nicht möglich	Standard
Bahrain	monstergulf.com	60 Tage	189,00 €	nicht möglich	Standard
Jordanien	monstergulf.com	60 Tage	189,00 €	nicht möglich	Standard
Kuwait	monstergulf.com	60 Tage	189,00 €	nicht möglich	Standard
Libanon	monstergulf.com	60 Tage	189,00 €	nicht möglich	Standard
Oman	monstergulf.com	60 Tage	189,00 €	nicht möglich	Standard
Quatar	monstergulf.com	60 Tage	189,00 €	nicht möglich	Standard
Saudi Arabien	monstergulf.com	60 Tage	189,00 €	nicht möglich	Standard
VA Emirate	monstergulf.com	60 Tage	189,00 €	nicht möglich	Standard
PARTNERSEITEN					
Bulgarien	jobtiger.bg	30 Tage	306,00 €	nicht möglich	Design
Estland	cvkeskus.ee	30 Tage	385,00 €	nicht möglich	Design
Kroatien	moj-posao.net	30 Tage	1.600,00 €	nicht möglich	Design
Litauen	cv.lt	30 Tage	253,00 €	nicht möglich	Design
Rumänien	ejobs.ro	30 Tage	252,00 €	nicht möglich	Design
Slowenien	zaposlitev.net	30 Tage	733,00 €	nicht möglich	Design

INTERNATIONAL
JOBBÖRSEN-NETZWERKE

Stand Preise: 2013

zzgl. Kosten für HTML-Erstellung bzw. Fließtext-Eingabe durch die KÖNIGSTEINER AGENTUR
Standard = ungestaltete Anzeige, Design = gestaltete Anzeige

LAND	URL	LAUFZEIT	FLIESSTEXT	HTML
Afrika	Findajobinafrica.com	30 Tage	200,30 €	nicht möglich
Ägypten	Bayt.com	60 Tage	123,10 €	nicht möglich
Algerien	Emploitic.com	30 Tage	150,00 €	200,00 €
Argentinien	Bumeran.com	30 Tage	274,45 €	456,99 €
Azerbaijan	azinka.az	30 Tage	231,29 €	231,29 €
Bahrain	Bayt.com	60 Tage	123,10 €	nicht möglich
Belgien	StepStone.be	30 Tage	999,00 €	1.495,83 €
Brasilien	manager.com.br	30 Tage	kostenlos	nicht möglich
Bosnien	posao.ba	30 Tage	210,00 €	280,00 €
Bulgarien	Jobs.bg	30 Tage	210,00 €	260,00 €
Chile	Bumeran.com	30 Tage	274,45 €	456,99 €
China	Myjob.com.cn	30 Tage	85,00 €	nicht möglich
China	zhaopin.com.cn	30 Tage	87,77 €	nicht möglich
Dänemark	StepStone.dk	30 Tage	664,43 €	1.804,43 €
Dom. Rep.	Tecoloco.com	30 Tage	184,28 €	nicht möglich
Ecuador	Bumeran.com	30 Tage	274,45 €	456,99 €
El Salvador	Tecoloco.com	30 Tage	184,28 €	nicht möglich
Estland	CVkeskus.ee	30 Tage	220,00 €	300,00 €
Finnland	Uranus.fi	30 Tage	480,00 €	960,00 €
Frankreich	Cadremploi.fr	28 Tage	840,00 €	1.008,00 €
Frankreich	Keljob.fr	28 Tage	720,00 €	nicht möglich
Griechenland	Skywalker.gr	30 Tage	145,00 €	nicht möglich
Großbritannien	Totaljobs.com	30 Tage	412,34 €	618,51 €
Guatemala	Tecoloco.com	30 Tage	184,28 €	nicht möglich
Honduras	Tecoloco.com	30 Tage	184,28 €	nicht möglich
Hongkong	recruit.com.hk	30 Tage	118,00 €	nicht möglich
Indien	Naukri.com	30 Tage	49,39 €	228,50 €
Indonesien	JobStreet.com	30 Tage	53,00 €	nicht möglich
Irak	Bayt.com	60 Tage	123,10 €	nicht möglich
Irland	Irishjobs.ie	30 Tage	950,00 €	nicht möglich
Irland	findajob.ie	30 Tage	280,00 €	420,00 €
Israel	Alljobs.co.il	30 Tage	440,00 €	nicht möglich

Stand Preise: 2013   zzgl. Kosten für HTML-Erstellung bzw. Fließtext-Eingabe durch die KÖNIGSTEINER AGENTUR

LAND	URL	LAUFZEIT	FLIESSTEXT	HTML
Italien	Trovolavoro.it	60 Tage	650,00 €	750,00 €
Jordanien	Bayt.com	60 Tage	123,10 €	nicht möglich
Kanada	Workopolis.com	30 Tage	423,48 €	2.558,67 €
Karibik	CaribbeanJobs.com	30 Tage	739,70 €/Land	nicht möglich
Kasachstan	Headhunter.com.kz	30 Tage	200,00 €	250,00 €
Kolumbien	Bumeran.com	30 Tage	274,45 €	456,99 €
Kroatien	Moj-Posao.net	30 Tage	400,00 €	694,12 €
Kuwait	Bayt.com	60 Tage	123,10 €	nicht möglich
Lettland	CVmarket.lv	30 Tage	180,00 €	227,00 €
Libanon	Bayt.com	60 Tage	123,10 €	nicht möglich
Libyen	Bayt.com	60 Tage	123,10 €	nicht möglich
Litauen	CVmarket.lt	30 Tage	175,00 €	234,00 €
Luxemburg	StepStone.lu	30 Tage	150,00 €	195,00 €
Malaysia	JobStreet.com	30 Tage	211,00 €	nicht möglich
Malta	Vacancycenter.com	30 Tage	250,00 €	nicht möglich
Marokko	ReKrute.com	30 Tage	700,00 €	1.000,00 €
Mexiko	OCCmundial.com	30 Tage	240,00 €	nicht möglich
Nicaragua	Tecoloco.com	30 Tage	184,28 €	nicht möglich
Niederlande	StepStone.nl	60 Tage	495,00 €	694,00 €
Österreich	StepStone.at	30 Tage	490,00 €	550,00 €
Oman	Bayt.com	60 Tage	123,10 €	nicht möglich
Pakistan	Rozee.pk	30 Tage	95,82 €	221,13 €
Panama	Tecoloco.com	30 Tage	184,28 €	nicht möglich
Peru	Bumeran.com	30 Tage	274,45 €	456,99 €
Philippinen	JobStreet.com	30 Tage	151,00 €	nicht möglich
Polen	Pracuj.pl	30 Tage	235,00 €	440,00 €
Portugal	net-empregos.com	30 Tage	kostenlos	100,00 €
Portugal	empregosonline.pt	30 Tage	430,00 €	430,00 €
Quatar	Bayt.com	60 Tage	123,10 €	nicht möglich
Rumänien	Bestjobs.ro	30 Tage	239,00 €	269,00 €
Russland	Headhunter.ru	30 Tage	319,48 €	410,76 €
Saudi Arabien	Bayt.com	60 Tage	123,10 €	nicht möglich

Stand Preise: 2013   zzgl. Kosten für HTML-Erstellung bzw. Fließtext-Eingabe durch die KÖNIGSTEINER AGENTUR

LAND	URL	LAUFZEIT	FLIESSTEXT	HTML
Schweden	StepStone.se	30 Tage	988,00 €	1.478,00 €
Schweiz	Jobs.ch	30 Tage	631,00 €	631,00 €
Schweiz	jobup.ch	30 Tage	557,00 €	598,00 €
Serbien	infostud.com	30 Tage	260,00 €	490,00 €
Singapur	JobStreet.com	30 Tage	151,00 €	nicht möglich
Slowakei	Profesia.sk	30 Tage	140,00 €	240,00 €
Slowenien	Mojedelo.com	30 Tage	295,00 €	450,00 €
Südafrika	Careerjunction.co.za	30 Tage	111,00 €	130,00 €
Südkorea	Career.co.kr	30 Tage	400,00 €	600,00 €
Spanien	infoempleo.com	30 Tage	360,00 €	460,00 €
Tschechien	Jobs.cz	30 Tage	390,00 €	716,00 €
Tunesien	ReKrute.com	30 Tage	600,00 €	900,00 €
Türkei	Kariyer.net	30 Tage	555,29 €	902,35 €
Ukraine	Rabota.ua	30 Tage	140,00 €	200,00 €
Ungarn	Profession.hu	30 Tage	200,00 €	295,00 €
USA	beyond.com	60 Tage	257,99 €	nicht möglich
VA Emirate	Bayt.com	60 Tage	123,10 €	nicht möglich
Venezuela	Bumeran.com	30 Tage	274,45 €	456,99 €

Stand Preise: 2013   zzgl. Kosten für HTML-Erstellung bzw. Fließtext-Eingabe durch die KÖNIGSTEINER AGENTUR

careerbuilder

LAND	URL	LAUFZEIT	FLIESSTEXT	HTML	VERBREITUNG
Belgien	careerbuilder.be	30 Tage	245,00 €	440,00 €	1 Stadt
Dänemark	careerbuilder.dk	30 Tage	125,00 €	320,00 €	1 Stadt
Frankreich	careerbuilder.fr	30 Tage	550,00 €	745,00 €	1 Stadt
Griechenland	kariera.gr	30 Tage	191,00 €	386,00 €	1 Stadt
Indien	careerbuilder.co.in	30 Tage	20,00 €	nicht möglich	1 Stadt
Irland	careerbuilder.ie	30 Tage	266,00 €	461,00 €	1 Stadt
Italien	careerbuilder.it	30 Tage	500,00 €	695,00 €	1 Stadt
Kanada	careerbuilder.ca	30 Tage	270,00 €	nicht möglich	1 Stadt
Mittlerer Osten	careerbuildergulf.com	30 Tage	125,00 €	nicht möglich	1 Stadt
Niederlande	careerbuilder.nl	30 Tage	299,00 €	494,00 €	1 Stadt
Norwegen	careerbuilder.no	30 Tage	563,00 €	758,00 €	1 Stadt
Polen	careerbuilder.pl	30 Tage	120,00 €	315,00 €	1 Stadt
Rumänien	careerbuilder.com.ro	30 Tage	120,00 €	315,00 €	1 Stadt
Schweden	careerbuilder.se	30 Tage	477,00 €	672,00 €	1 Stadt
Schweiz	careerbuilder.ch	30 Tage	240,00 €	435,00 €	1 Stadt
Spanien	careerbuilder.es	30 Tage	90,00 €	285,00 €	1 Stadt
UK	careerbuilder.co.uk	30 Tage	247,00 €	442,00 €	1 Stadt
USA	careerbuilder.com	30 Tage	419,00 €	614,00 €	1 Stadt

INTERNATIONAL
JOBBÖRSEN-NETZWERKE

Stand Preise: 2013   zzgl. Kosten für HTML-Erstellung bzw. Fließtext-Eingabe durch die KÖNIGSTEINER AGENTUR

287

experteer.de
hunt for talent

LAND	URL	LAUFZEIT	PREMIUM POSTING	VERBREITUNG
Belgien	experteer.be/recruiting	30 Tage	245,00 €	Überregional
Frankreich	experteer.fr/recruiting	30 Tage	495,00 €	Überregional
Italien	experteer.it/recruiting	30 Tage	395,00 €	Überregional
Niederlande	experteer.nl/recruiting	30 Tage	245,00 €	Überregional
Österreich	experteer.at/recruiting	30 Tage	395,00 €	Überregional
Schweiz	experteer.ch/recruiting	30 Tage	450,00 €	Überregional
Spanien	experteer.es/recruiting	30 Tage	295,00 €	Überregional
UK	experteer.co.uk/recruiting	30 Tage	335,00 €	Überregional
USA	us.experteer.com/recruiting	30 Tage	230,00 €	Überregional

INTERNATIONAL
JOBBÖRSEN-NETZWERKE

Stand Preise: 2013

zzgl. Kosten für HTML-Erstellung durch die KÖNIGSTEINER AGENTUR

DER KÖNIGSTEINER 2014

PERSONALMARKETING

PERSONAL-
MARKETING

DER KÖNIGSTEINER 2014

ARBEITGEBERMARKE
EMPLOYER BRANDING

EINE STARKE MARKE IST UNVERWECHSELBAR – POSITIONIEREN SIE SICH ALS ATTRAKTIVER ARBEITGEBER!
Mehr Marke für den Mittelstand – mit dem Aufbau einer Arbeitgebermarke bieten Sie dem Fachkräftemangel die Stirn und präsentieren sich der Zielgruppe in einem neuen Licht.

DAS KOMMUNIKATIONSKONZEPT – 3 SCHRITTE ZUR STÄRKUNG IHRER ARBEITGEBER-MARKE
- ▶ Bedarfsanalyse und Standortbestimmung – Führen Sie eine Status-quo-Analyse Ihrer bisherigen Außendarstellung durch
- ▶ Entwicklung und Umsetzung von Lösungsstrategien – Arbeiten Sie Ihre Stärken und Ihr Alleinstellungsmerkmal heraus, definieren Sie die Werte, für die Sie als Arbeitgeber stehen
- ▶ Erfolgsmessung – Überprüfen Sie die Projektziele, z. B. durch Befragungen und Kennzahlen

KONKRETE MARKETING-MASSNAHMEN – PLATZIEREN SIE SICH ALS ATTRAKTIVER ARBEITGEBER
- ▶ Mitarbeiter als Botschafter Ihrer Marke – z. B. durch Mitarbeiterstatements, Fotoshootings etc.
- ▶ Anzeigenkampagnen – Stellenanzeigen, Imageanzeigen, Rundfunk- und Videospots
- ▶ Klassische Werbemittel – Unternehmenszeitschriften, Broschüren, Flyer und Folder
- ▶ Zusammenarbeit mit Schulen und Hochschulen – Studenten-/Azubi-Tage
- ▶ Reale und virtuelle Präsenz – Messeauftritte sowie strategische Social-Media-Aktivitäten und Karriereseiten

Entwickeln Sie eine Arbeitgeber-Botschaft, die zukünftige und bestehende Mitarbeiter überzeugt, begeistert und bindet!

PERSONAL-MARKETING

KARRIERESEITEN

STARKER AUFTRITT MIT AUTHENTISCHEN KARRIERESEITEN – SETZEN SIE SICH ZEITGEMÄSS IN SZENE!

Ein maßgebliches Instrument zur Gewährleistung eines erfolgreichen Arbeitgeberauftritts ist ein zielgruppengerechter und individueller Web-Auftritt, der einen positiven Eindruck hinterlässt! Gehen Sie in die Offensive und bringen Sie mit gezielten Personalmarketing-Maßnahmen Ihr Unternehmen nach vorn!

GRUNDLEGENDE GEDANKEN ZUR ENTWICKLUNG UND GESTALTUNG IHRER KARRIERESEITEN

▶ Umfassende Betrachtung des Wettbewerbs
▶ Konzeptionelle Entwicklung der inhaltlichen Struktur – zielgruppenspezifisch, interaktiv, bedienerfreundlich
▶ CI-gerechte und barrierefreie Layoutkonzeption
▶ Suchmaschinenoptimierte, kreative und ansprechende Textinhalte sowie individuelle Gestaltung relevanter Haupt- und Unterseiten für jede Zielgruppe
▶ Konzeption einer alternativen mobilen Website-Version

WEITERE MASSNAHMEN, DIE SIE BEI DER ERSTELLUNG IHRER KARRIERESEITEN BEACHTEN SOLLTEN

▶ Entwicklung von Karriere-Slogans und -Headlines auf Basis Ihrer Arbeitgeberbotschaft – Bleiben Sie im Gedächtnis!
▶ Fixierung der Bilderwelten – Schaffen Sie Emotionen!
▶ Fotoshooting der Mitarbeiter und Arbeitswelt – Geben Sie Ihrem Unternehmen ein Gesicht!
▶ Einbindung von Mitarbeitervideos und -interviews – Seien Sie authentisch!

Karriereseiten sind die erste Informationsquelle für potenzielle Bewerber – nutzen Sie diese ungeteilte Aufmerksamkeit!

Online

DER KÖNIGSTEINER 2014

▼

ANZEIGENLAYOUT

EIN KREATIVER RAHMEN SPRICHT FÜR SICH – SETZEN SIE AKZENTE IN DER MEDIENVIELFALT!
Ein gut durchdachtes und ansprechendes Anzeigenlayout sichert die Aufmerksamkeit Ihrer Zielgruppe. Sowohl im Print- als auch im Online-Bereich gelten eigene Spielregeln.

IHRE ANZEIGE IN DEN PRINTMEDIEN
- ▶ Beachten Sie eine zielgruppen- und positionsspezifische Medienauswahl
- ▶ Die professionelle grafische Aufbereitung Ihrer Anzeige garantiert Ihnen ein hohes Interesse; Stilsicherheit im Text und zielgruppenspezifisches „Wording" sind ein guter Türöffner
- ▶ Passen Sie Größe und Farbgestaltung an die zu vergebende Position und Ihre Stellung als Unternehmen im Wettbewerb an

BESONDERHEITEN IM ONLINE-UMFELD
- ▶ Flexible kreative Gestaltung in Größe und Farbwahl als volltextsuchfähige HTML-Vorlage
- ▶ Hinterlegung von zusätzlichen Keywords, um Anzeigen besser in der Freitextsuche zu finden
- ▶ Individueller Zählpixel, der den Traffic auf Ihren Anzeigen darstellt
- ▶ Optimieren Sie Ihre Anzeigen für eine bessere Platzierung im Suchmaschinen-Ranking (Job-SEO)

OPTIMIEREN SIE IHREN ONLINE-AUFTRITT MIT EINER STELLENANZEIGE 2.0
Die User-Gewohnheiten Online sind inzwischen gelernt und werden intuitiv genutzt.
- ▶ Online-Stellenanzeige mit interaktiven Möglichkeiten (Website-Optik/-Funktion)
- ▶ Ansprechende Navigation innerhalb der Anzeige
- ▶ Einbindung von bewegten Bildern (Slideshow, Video)
- ▶ Einbindung aller Social-Media-Kanäle
- ▶ Optimierung für die Darstellung auf allen mobilen Endgeräten

Nutzen Sie die vielfältigen Möglichkeiten, die jeweils angepasst an die zielgruppenoptimierten Medien den größtmöglichen Erfolg versprechen!

SOCIAL MEDIA

IHRE ARBEITGEBERMARKE IM WEB 2.0 – BRINGEN SIE SICH IN POSITION!

Medium Internet – so funktioniert Kommunikation heute. Platzieren Sie sich strategisch im Web 2.0 und sprechen Sie so gezielt die Fachkräfte von heute und morgen an – eine nachhaltige Stärkung Ihres Arbeitgeberimages gibt's inklusive!

OPTIMALER SOCIAL MEDIA AUFTRITT – SCHAFFEN SIE SICH EINEN WEGWEISER ZUR ORIENTIERUNG IM WEB 2.0

▶ Standortbestimmung im Web 2.0, Monitoring- bzw. Recherche-Analysen – wer spricht wo und wie über Ihr Unternehmen

▶ Ausarbeitung einer konkreten Zielsetzung für Ihre integrierte Social-Media-Kommunikation – Optimierungspotenziale erkennen und entsprechende Maßnahmen umsetzen

▶ Identifizierung der wichtigen Web-2.0-Kanäle Ihrer Bewerber-Zielgruppe – Ausarbeitung einer Kommunikationsstrategie pro Kanal und Zielgruppe

XING, KUNUNU, FACEBOOK UND CO. – HOHE TRANSPARENZ SCHAFFT NACHHALTIGEN FIRMENERFOLG

▶ Die Rolle beruflicher Netzwerke hinsichtlich Recruiting und Wettbewerbsvorteil steigt stetig

▶ Populäre Plattformen wie Xing und Kununu bieten ideale Möglichkeiten, die Aufmerksamkeit auf sich als Arbeitgeber zu lenken

▶ Besonders mittelständische Unternehmen profitieren durch diese Form von Recruiting und Employer Branding von den Vorzügen des Web 2.0

▶ Mit der Pflege Ihres Xing- und Kununu-Profils sowie durch aktives Netzwerken demonstrieren Sie Zeitgeist und besitzen das maßgebliche Rüstzeug zur Förderung von Image und Bekanntheit Ihres Unternehmens

Informieren Sie sich, wie Ihr Unternehmen bis jetzt im Web 2.0 eingebunden ist und machen Sie durch einen strategischen Social Media Auftritt von sich reden!

PERSONAL-
MARKETING

AZUBIMARKETING

QUALIFIZIERTER NACHWUCHS IST UNVERZICHTBAR – SPRECHEN SIE DIE SPRACHE DER ZIELGRUPPE!

Angehende Auszubildende haben andere Fragen und interessieren sich für andere Inhalte als berufserfahrene Mitarbeiter. Gehen Sie auf die Wünsche der Zielgruppe ein, präsentieren Sie den Ausbildungsberuf und Ihr Unternehmen aus Sicht der jungen Menschen.

EIGENSTÄNDIGE AZUBI-KAMPAGNEN

▶ Anpassung der Ansprache und Darstellung
▶ Eigene Azubi-Karriereseiten
▶ Individuelle Auswahl der Medien – Treffen Sie die Zielgruppe dort, wo sie sich aufhält
▶ Einbindung der relevanten Social-Media-Kanäle
▶ Online-Marketing

INDIVIDUELLE MARKETING-MASSNAHMEN (BEISPIELE)

▶ Auftritt bei Azubi- und Jugendmessen
▶ Eigene Azubi-Schnupper-Tage
▶ Flyer
▶ Verkehrsmittelwerbung
▶ Informations- und/oder Bewerbungsmappen Schüler

Erfolgreiches Azubimarketing beinhaltet die zielgruppenadäquate Darstellung nach außen und die attraktive Umsetzung des „Produktes" Ausbildung in Ihrem Unternehmen.

Sichern Sie sich noch heute die qualifiziertesten Nachwuchstalente von morgen mit einer eigenständigen Azubi-Kampagne!

▼

HOCHSCHULMARKETING

YOUNG PROFESSIONALS SIND ANSPRUCHSVOLL – SICHERN SIE SICH SCHON HEUTE IHRE FACHKRÄFTE VON MORGEN!

Die Zahl der Hochschulabsolventen in Deutschland steigt – aber nicht genug! Der Bedarf wächst deutlich schneller. In einigen Fachrichtungen orientiert sich die begehrte Zielgruppe daher schon sehr frühzeitig. Die Ansprache von Absolventen droht zu verpuffen!

ATTRAKTIVE ANGEBOTE FÜR DIE BEGEHRTE ZIELGRUPPE

▶ Binden Sie die jungen Talente schon frühzeitig an Ihr Unternehmen. Ob durch attraktive Trainee-Programme, Diplomanden-Betreuung, fachspezifische Praktika oder duales Studium
▶ Nutzen Sie Kontakte zu den für Sie interessanten Fachbereichen und Hochschulen. Es gibt vielfältige Möglichkeiten (z. B. durch praxisbezogene Projekte) zur Zusammenarbeit mit den Studierenden

AUSGEFEILTER KOMMUNIKATIONS-MIX (BEISPIELE)

▶ Plakatierung an den entsprechenden Standorten
▶ Zielgruppenspezifische Flyer und Broschüren
▶ Direct-Marketing
▶ Studenten- und Absolventen-Messen
▶ Promotion-Aktionen
▶ Guerilla-Marketing

Erreichen Sie die begehrte Zielgruppe mit attraktiven Angeboten und intelligenten Personalmarketing-Ideen!

PERSONAL-
MARKETING

MESSEAUFTRITTE

EIN PERSÖNLICHER AUFTRITT SCHAFFT KONTAKTE – NUTZEN SIE INTELLIGENTE MESSESYSTEME!

Bleiben Sie flexibel für Ihren individuellen Auftritt. Angepasste und individuelle Messesysteme sparen Zeit und bringen Sie als Arbeitgeber ganz groß raus. Angepasst an Ihr Corporate Design werden Sie gesehen und von der Zielgruppe wahrgenommen.

AUSWAHL DES RICHTIGEN EVENTS, BEI DEM SIE IHRE ZIELGRUPPE PERSÖNLICH KENNENLERNEN

- ▶ Messen
- ▶ Karriere-/Azubitage
- ▶ Eigene Veranstaltungen
- ▶ Tag der offenen Tür
- ▶ Präsentations-/Verkaufsveranstaltungen
- ▶ Bewerbertage
- ▶ Ausstellungen
- ▶ Presse-Events

INDIVIDUELLE MESSEIDEEN

- ▶ Aufbau von Messewelten
- ▶ Kontaktinseln
- ▶ Aufmerksamkeitsstarke Messeevents
- ▶ Pop-up-Messestand
- ▶ Roll ups
- ▶ Messetresen
- ▶ Give aways

Der persönliche Kontakt kann richtungsweisend sein. Direkte und individuelle Gespräche eröffnen Ihnen ungeahnte Perspektiven!

PERSONAL-
MARKETING

DER KÖNIGSTEINER 2014

PERSONALSERVICELEISTUNGEN

BRIEFKASTEN-SERVICE (LETTERBOX)

Bündeln Sie nach Anzeigenschaltung Ihre Bewerbungseingänge durch den Briefkasten-Service (Letterbox). Das bedeutet für Sie: mehr Zeit für die Auswahl des neuen Mitarbeiters – und die Gewissheit einer gut organisierten Administration.

Unter Ihrem oder dem Layout der KÖNIGSTEINER AGENTUR wird die Anzeige zielgruppenspezifisch getextet und die passenden Medien empfohlen.

LETTERBOX
- ▶ Reibungslose Abwicklung aller Bewerbungseingänge
- ▶ Erledigung der kompletten Korrespondenz
- ▶ Tagesaktuelle Weiterleitung aller Bewerbungen
- ▶ Telefon-Service für Kandidatenrückfragen

LETTERBOX PLUS
Ergänzend zu den Letterbox-Leistungen:
- ▶ Selektierung der Bewerbungsunterlagen nach Ihren Kriterien
- ▶ Klassifizierung der Bewerbungen nach A-, B- und C-Kandidaten
- ▶ Führen von Telefon-Interviews
- ▶ Lückenlose Dokumentation aller Bewerbungen

Ihre Personalsuche in unserem Layout schafft Ihnen echten Mehrwert. Nutzen Sie unsere renommierte Marke für Ihr Recruiting und profitieren Sie von unserem ausgezeichneten Service!

Kundenlogo

Bilanzbuchhalter (m/w)

Wir sind ein mittelständisches Unternehmen und gehören zu den führenden Produzenten aus dem Konsumgüterbereich. Wir zeichnen uns
durch Teamgeist, Qualitätsanspruch und nicht zuletzt auch durch das
Entwicklungspotenzial unserer Mitarbeiter aus und agieren mit unseren
Produkten erfolgreich auf den internationalen Märkten.

Für unser Werk in Raum Schönebeck su
Zeitpunkt einen Bilanzbuchhalter. Die Sc
permanten, vollständigen und ordnungsg
Geschäftsvorfälle nach GOB, HGB und S
von Ergebnissen, der Entwicklung von Ke
planmäßigen und termingerechten Beric

Voraussetzung für diese verantwortungs
reiche Abschluss zum geprüften Bilanzb
Berufserfahrung sowie Einsatzbereitsch

Interessiert? Dann senden Sie bitte Ihre
Bewerbungsunterlagen unter Angabe de
von uns beauftragte KÖNIGSTEINER AGE
Schockenriedstraße 44, 70565 Stuttgar
an s@koenigsteiner.com. Die Berücksich
Sperrvermerken ist selbstverständlich.

KÖNIGSTEINER AGENT

KÖNIGSTE

ⓗ *herlitz*

GROUP · BERLIN · GERMANY

*Die Herlitz-Gruppe gehört als eines der bekanntesten deutschen Traditionsunternehmen mit einem
Jahresumsatz von 309 Mio. Euro (2006) zu den führenden Herstellern von Papier-, Büro- und Schreib-
waren (PBS) in Europa. Die Marke Herlitz steht seit mehr als 100 Jahren für qualitativ hochwertige
Produkte in den Bereichen Büro und Schule. Darüber hinaus bietet die Marke Falken ein umfangreiches
Bürobedarfssortiment an. Im Bereich Papeterie steht die Marke Susy Card für attraktive Produkte in
den Segmenten Grüßen, Schenken und Schmücken. Mit rund 10.000 Artikeln bietet Herlitz seinen
Handelspartnern als einziges Unternehmen das gesamte PBS-Vollsortiment an. In Osteuropa ist
Herlitz bereits heute Marktführer. Firmensitz von Herlitz ist Berlin.*

Wir haben folgende Position zu besetzen:

Teamleiter Debitorenbuchhaltung (m/w)
(Vollzeit)

Ihre Aufgaben:
- Steuerung und Überwachung von Zahlungseingängen
- Erfassung, Kontierung und Verbuchung von Debitoren
- Kontrolle der Offene Postenlisten
- Kontenabstimmungen
- Durchführung von Mahnläufen
- Ansprechpartner der Wirtschaftsprüfer im Rahmen des Jahresabschlusses
- Teamleitung für zwei Mitarbeiter

Ihr Profil:
- Erfolgreich abgeschlossene kaufmännische Ausbildung
- Mehrjährige Erfahrung im Bereich der Debitorenbuchhaltung
- Sehr gute Kenntnisse in SAP R/3 FI
- Gute Englischkenntnisse
- Ausgeprägtes analytisches Denkvermögen und eine rasche Auffassungsgabe
- Hervorragendes Zahlenverständnis
- Erste Führungserfahrung ist von Vorteil

...nutzen Sie die Möglichkeit, in einem international wachsenden Unternehmen neue Wege einzuschlagen
...nd gestalten Sie gemeinsam mit uns die Herausforderungen der Zukunft.

...ben wir Ihr Interesse geweckt? Dann freuen wir uns über Ihre Bewerbung mit den üblichen
...erlagen, Ihrem frühestmöglichen Eintrittstermin und Ihrer Einkommensvorstellung.

...IGSTEINER AGENTUR UND PERSONALBERATUNG GMBH, Keithstraße 14, 10787 Berlin
...ail: herlitz331@koeag.de • www.stellen-online.de

ANZEIGENGESTÜTZTE PERSONALBERATUNG (PACKAGE)

Vertrauen Sie auf die langjährige Erfahrung einer renommierten Spezialagentur für Recruiting. Überlassen Sie die Auswahl der besten Kandidaten für Ihr Unternehmen den Agentur-Fachleuten.

PACKAGE

▶ Verdeckte Anzeige im Layout der KÖNIGSTEINER AGENTUR
▶ Selektierung der Bewerbungsunterlagen durch erfahrene Spezialisten
▶ Führen von strukturierten Interviews zum Prüfen der Interessen und Fähigkeiten der Kandidaten
▶ Präsentation Ihres Unternehmens und detaillierte Darstellung der zukünftigen Aufgabe
▶ Erarbeitung von „persönlichen Profilen" der geeignetsten Kandidaten
▶ Abgleich des Wertesystems des Bewerbers mit Ihrer Unternehmenskultur
▶ Einsatz von langjährig erprobten Instrumenten
▶ Auswahl der besten Kandidaten für Ihr Unternehmen
▶ Lückenlose Dokumentation aller Bewerbungseingänge

Die enge Abstimmung mit Ihnen und unsere langjährige Erfahrung garantieren eine optimale Unterstützung bei der Auswahl der passenden Kandidaten. Full Service für Ihren Recruiting Erfolg!

Geschäftsführer/in

Wir sind ein großes, marktführendes Unternehmen im Bereich komplexer Systemdienstleistungen. Unser breites Dienstleistungs-Portfolio bieten wir deutschland- und europaweit an. Immer nahe am Kunden, immer mit höchstem Qualitätsanspruch. Für den Berliner Standort suchen wir zum nächstmöglichen Zeitpunkt eine/n führungsstarken Geschäftsführer/in.

Ihr Aufgabengebiet umfasst, neben der Steuerung der Gesellschaft und deren Niederlassungen, den Ein- und Verkauf von Eisen und Nichteisen im Lager- und Streckengeschäft. Zudem betreuen Sie die strategische Weiterentwicklung des Geschäftes, koordinieren alle Akquisitionstätigkeiten und führen erfolgreich Kundengespräche. Dabei ermitteln Sie systematisch Kundenbedürfnisse, entwickeln Lösungsstrategien und setzen Vertragsabschlüsse um. In diesem Rahmen beurteilen Sie die Marktlage durch Wettbewerbsanalysen und tragen damit zum Erfolg sowie zur weiteren Profilierung des Unternehmens am Markt bei.
Wir wenden uns an Bewerber/innen, die über ein abgeschlossenes Studium im Bereich Maschinenbau, Wirtschaftsingenieurwesen oder eine vergleichbare Ausbildung verfügen und mindestens 5 Jahre Berufserfahrung in einer ähnlichen Führungsposition sammeln konnten. Sie besitzen vertriebsorientiertes Denkvermögen und ein ausgeprägtes kaufmännisches Verständnis. Darüber hinaus denken Sie nachhaltig unternehmerisch, treiben Prozesse dynamisch und strukturiert voran und zeichnen sich durch eine überdurchschnittliche Identifikation mit den Aufgaben sowie dem Unternehmen aus. Persönlich sind Sie kommunikationsstark, können Ihre Mitarbeiter motivieren und haben darüber hinaus ein hohes Maß an Verhandlungsgeschick.

Wir bieten Ihnen eine verantwortungsvolle Aufgabe mit viel Gestaltungsspielraum und die Tätigkeit in einem hochmotivierten und aufgeschlossenen Team. Sie sind interessiert? Dann senden Sie bitte Ihre aussagekräftige Bewerbung unter Angabe Ihres frühestmöglichen Eintrittstermins und Ihrer Gehaltsvorstellung, ausschließlich per E-Mail, an die beauftragte KÖNIGSTEINER AGENTUR, b-job@koeag.de (bitte nicht über 2 MB).

KÖNIGSTEINER AGENTUR

interessierte
Kandidaten

identifizierte
Talente

Top-Kandidaten

Endauswahl

▼

KANDIDATENANSPRACHE (DATENBANK RESEARCH)

GEHEN SIE AUF IHRE ZUKÜNFTIGEN MITARBEITER AKTIV ZU UND HOLEN SIE AUCH DIE LATENT INTERESSIERTEN DORT AB, WO SIE SICH AUFHALTEN!

Viele Bewerber präsentieren sich in sozialen Netzwerken wie XING oder stellen ihr Profil in Lebenslauf-Datenbanken ein, um gefunden zu werden. Hier gilt es, sich als Arbeitgeber mit interessanten Jobs zu präsentieren und Aufmerksamkeit zu wecken.

EINE WEITERE MÖGLICHKEIT IM RECRUITING MIX

▶ Abgleich Ihrer Anforderungen mit relevanten Lebenslauf-Datenbanken und sozialen Netzwerken
▶ Identifizierung von potenziellen Bewerbern
▶ Ansprache des selektierten Bewerberkreises
▶ Führen von ersten telefonischen Interviews
▶ Prüfung, ob Kandidaten für die ausgeschriebene Position geeignet sind
▶ Herstellung des Kontaktes zu Ihrem Unternehmen nach vorheriger Absprache

Passgenaue Bewerberansprache ist zielführend und vermeidet Streuverluste!

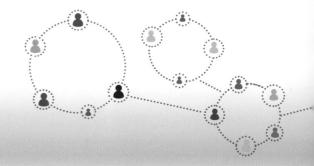

DER KÖNIGSTEINER 2014

PERSONALBERATUNG
(DIRECT SEARCH)

DR. PETER SCHULZ & PARTNER – ein erfahrenes und erfolgreiches Personalberater-Team, das seit 1967 auf die Suche und Auswahl von Fach- und Führungskräften spezialisiert ist. Dr. Peter Schulz & Partner kooperiert weltweit mit Personalberatungen, die sich ebenfalls auf Executive Search konzentrieren.

SPEZIALISIERT AUF DIE BRANCHEN

- Tax & Legal
- Finance
- Accounting
- Controlling
- Industrie
- Banken

PMCI – eine klassische Personalberatung, spezialisiert auf die Suche und Auswahl von Fach- und Führungskräften. Mit 5 Standorten bundesweit und einem internationalen Netzwerk gehört PMCI zu den Top-20-Personalberatungen im deutschen Markt.

SPEZIALISIERT AUF DIE BRANCHEN

- Banken
- Finanzdienstleister
- Konsumgüter (Food/Non-Food)
- Maschinen-/Anlagenbau
- Automotive (Hersteller und Zulieferer)
- Energie/Erneuerbare Energien
- Dienstleistungen
- IT/Telekommunikation
- eBusiness
- Medien
- Pharma
- Touristik/Hotellerie/Gastronomie

Unsere Partner für Ihren Erfolg!

P·S·P·P
DR. PETER SCHULZ
PERSONALBERATER

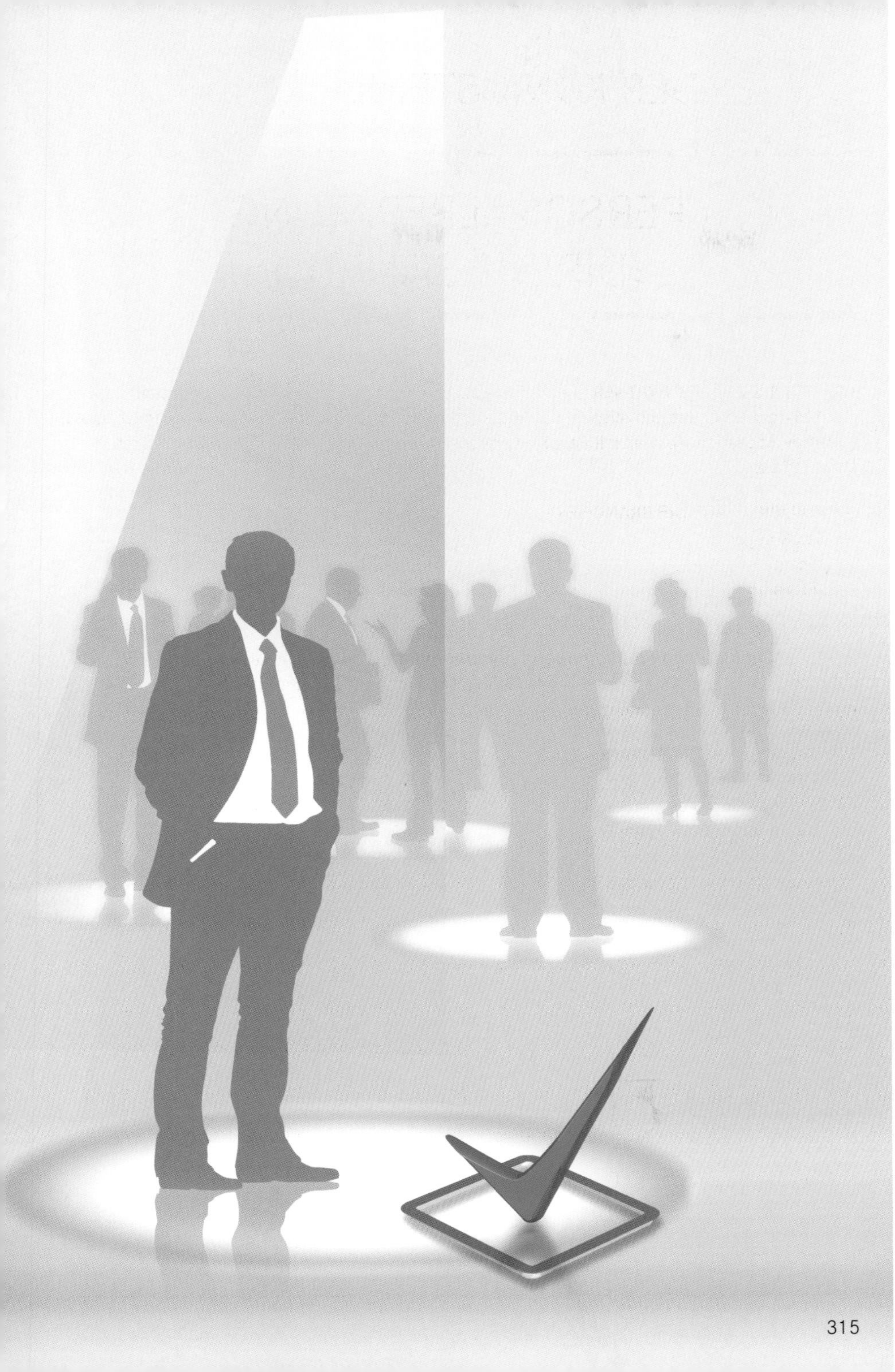

DER KÖNIGSTEINER 2014

IMPRESSUM

HERAUSGEBER
KÖNIGSTEINER AGENTUR
Reinhold-Frank-Straße 63
76133 Karlsruhe
Telefon   0721 92055-55
Telefax   0721 92055-66
E-Mail   ka@koeag.de

IDEE
Dr. Peter Schulz

MITWIRKUNG
- ▶ Koordination Inland   Regine Schröder
- ▶ Koordination Ausland   Diana Saupe
- ▶ Einschätzung Ausland   Eva Zils
- ▶ Grafik   Katja Ewert
- ▶ Gesamtherstellung und Satz   Sibylle Walter

10. AUFLAGE 2014
10.000 Exemplare

REDAKTIONSSCHLUSS
25.11.2013

STAND PREISE
01.01.2014

Gedruckt auf PEFC-zertifiziertem Papier aus nachhaltiger Forstwirtschaft.
Pan European Forest Council/04-31-0599